# 此心光明

——评说王阳明与《传习录》

汪高鑫 李德锋/著

人民出版社

责任编辑：汪　逸
封面设计：尚书堂

**图书在版编目（CIP）数据**

此心光明：评说王阳明与《传习录》／汪高鑫，李德锋著．——
北京：人民出版社，2014.8
（国学书厢）
ISBN 978-7-01-011772-0

Ⅰ．①此…　Ⅱ．①汪…　②李…　Ⅲ．①心学－中国－
明代②《传习录》－研究　Ⅳ．①B248.25

中国版本图书馆CIP数据核字(2013)第035278号

此心光明——评说王阳明与《传习录》
CIXIN GUANGMING——PINGSHUO WANGYANGMING YU CHUANXILU

汪高鑫　李德锋　著

人民出版社 出版发行

（100706　北京市东城区隆福寺街99号）

北京海石通印刷有限公司印刷　新华书店经销

2014年8月第1版　2014年8月第1次印刷
开本：710 毫米×1000 毫米　1/16　印张：17.5
字数：235千字

ISBN 978-7-01-011772-0　定价：46.00元

邮购地址：100706　北京市东城区隆福寺街99号
人民东方图书销售中心　电话：(010) 65250042　65289539

# 《国学书厢》序

汪高鑫

　　所谓"国学"，在中国古代是指最高一级的学校，《周礼·春官宗伯·乐师》说："乐师掌国学之政，以教国子小舞。"《礼记·学记》也说："古之教者，家有塾，党有庠，术有序，国有学。"大概到20世纪初年，"国学"一词完成了语义的现代转换，成为中国传统文化与学术的代名词。这种语义转换的背景，则是清末民初的西学东渐与中学转型。早在1902年，梁启超就在《论中国学术思想变迁之大势》一文中多次使用"国学"一词，以与"新学"、"外学"相对举，彰显中国固有学术与外来文化的区别。此后学者多以"国学"代指中国传统文化与学术，邓实就说，"国学者何？一国所有之学也。"胡适也说，国学是"中国的一切过去历史与文化"。

　　众所周知，中国有五千年文明史，中国的传统文化与学术博大精深。因此，这门"国学"的内容之丰富，在世界历史上自然是独一无二的。按照我们先人的划分方法，它包含了经、史、子、集四大系列。具体而言，这门"国学"以先秦六经与诸子学为基础，包括两汉经学、魏晋玄学、隋唐佛学、宋明理学，二十四史、历代野史杂史，汉赋、六朝骈文、唐诗宋词、元曲、明清小说，以及历代医学、兵法、农学、书画、星相、数术等等众多学术门类。而"国学"的核心，则无疑是传统儒学。

"国学书厢"系列丛书的推出，便是要通过对国学中有影响的各类传世典籍作出有所选取的评说，以期展现中国传统文化与学术风貌，揭示中国传统文化与学术精髓。之所以"有所选取"，是因为国学的典籍浩如烟海，任何一种系列丛书，都不可能对其作出全面的评说。本丛书的选取对象，主要是以秦汉以后诸子、杂史、文论等经典作品为主。作出这样的选取，是基于相比较于四书五经、先秦诸子和二十四史等国学"大众经典"而言，秦汉以后的诸子、杂史、文论等相当数量的国学经典，长期以来并不为人们熟知，目前尚属于"小众经典"。然而这些国学典籍评说人性善恶、纵论文韬武略、参透历史玄机、洞悉政治内幕、语录警世箴言，其学术与思想价值毫不逊色于"大众经典"，它们具有强烈的时代感，学术上自成"一家言"，思想上启迪后人。

编辑这套国学经典评说丛书的用意至少有两个，其一是为大众了解、学习国学经典提供方便。随着近年来"国学热"持续升温，通过学术讲堂与图书出版等多种形式，国人对四书五经、先秦诸子、二十四史等国学典籍多少已有所了解。然而这些典籍虽然浩繁，却只是国学典籍中的一部分。在秦汉以后的中国古代两千年历史中，历代都有数量众多的诸子、杂史、文论等经典问世，它们也是中国国学典籍宝库中不可多得的宝藏。然而迄今为止，人们对它们相对还比较陌生。展开对这些国学经典的系统评说，有助于我们去认识和了解这部分国学经典，汲取其带给我们的思想素养和精神力量，力求使这类"小众经典"最终成为大众读物。

其二是为中国的文化总结与传承工作尽一份力量。毛泽东说过，"我们这个民族有数千年的历史，有它的特点，有它的许多珍贵品。对于这些，我们还是小学生。今天中国是历史的中国的一个发展，我们是马克思主义的历史主义者，我们不应当割裂历史。从孔夫子到孙中山，我们应当给以总结，承继这一份珍贵的遗产。"国学经典就是在中国数千年历史发展过程中形成的、具有中国特点的"珍贵品"，是一份中华民族的厚重的遗产，我们作为炎黄子孙，自当倍加珍惜，认真总结，努力传承。评说国学经典，便是一种文化整理与总结工作；而整理与总结的目的，是为了更好地传承下去，使中华文化得以川流不息。

基于这样的目的，该丛书在国学经典评说方法上力求做到两点：第一是准确性。国学经典评说不是戏说，而是一项严肃认真的文化总结工作，因此，必须坚持准确性原则，尊重经典原意，阐释经典精神。为了帮助读者准确领会经典，该丛书的编纂体例分为导论和正文两个部分。导论相当于一个整体性的导读，集中介绍作者生平与学术，以及所评说经典作品的学术价值，旨在使读者对经典价值及其作者学术思想有一个全面的了解；正文则以解读和阐释经典内容和思想为主线，并将作者所处时代背景、学术实践过程、思想发展脉络融入其中，以期全面展现经典的思想价值和作者在思想实践中体现出来的精神魅力。

第二是通俗性。该丛书编纂的努力方向是使"小众经典"最终成为大众读物，既然要成为大众读物，当然其主要读者群体是非学术专业的普通大众读者。而要让大众读得懂国学经典，了解经典的学术思想，就应该摒弃学术文体与学术语言形式，努力贯彻通俗性原则。为此，该丛书的经典评说，力争做到内容上深入浅出、语言上通俗易懂，以期激发起大众读者的经典阅读兴趣。

人民出版社编辑出版"国学书厢丛书"，可谓眼光独到、立意新颖。相信随着经典评说系列丛书的不断推出，会激发起大众读者学习国学经典的热情，这将对传承国学、汲取民族文化素养大有裨益。

2013年11月撰于
北京师范大学京师园

# 目录

# 导　言

　　王阳明（1472—1529），初名云，后改名守仁，字伯安，浙江余姚县人。官至明朝南京兵部尚书，封新建伯，隆庆元年（1567），追赠新建侯，谥文成。因曾结庐苦读于家乡附近阳明洞，故号阳明，世称阳明先生。阳明生前武功文事都取得了辉煌的成就，他平定宸濠之乱，对于明代中期政治的稳定发挥了举足轻重的作用；他所建立的心学体系（又称王学、阳明学），对儒家学说的传承和发展有突出贡献，为明朝中后期的一大显学，对后世中国学术思想与政治思想都产生了深远的影响。下面我们首先来了解一下王阳明其人及其学术大概。

## 一　王阳明其人、其学

　　——**家族背景**　　王阳明的家族可以说声名显赫，名人辈出。晋朝时先祖王览官至光禄大夫，他的曾孙更是了得，乃声名显赫的著名书法家王羲之①。也就是从王羲之开始，王氏家族从琅琊徙居山阴，其后王阳明二十三世祖迪功郎王寿又自山阴徙往余姚，王氏自此于余姚定居下来。因此，我们一般称阳明家族为余姚王氏。王氏家族进入明代以来，更是能人辈出，卓有功勋。王寿五世孙王纲为文武兼才，明初为刘伯温荐举做了兵部郎中，后

---

①近年来学术界有一种观点认为，王阳明并非王羲之嫡系后裔，而只是与王羲之有宗亲关系。此乃采用学术界传统的主流观点。

又升为广东参议，在平定苗民之乱中战死。与明朝前期发展重心由武功向文治转移的背景一致，王氏家族也呈现出这样的色彩。阳明高祖王与准，精通《礼》、《易》，撰有《易微》一书，朝廷曾以遗逸荐举，但他比较有个性，回绝了朝廷的美意。曾祖王世杰以明经入太学，谥封新建伯。他的祖父王伦胸次洒落，能歌善吟，时人喻之陶靖节、林和靖，所著有《竹轩稿》、《江湖杂稿》，封翰林院修撰，追封新建伯。其父王华，字听辉，别号实庵，晚称海日翁，因曾读书于龙泉山中，又称龙泉公，成化辛丑进士及第第一人，官至南京吏部尚书，进封新建伯。正是在王氏家族深厚的文化底蕴和不为世务所累、洒脱的家族性格熏陶下，培养了王阳明天资聪颖和豪迈不羁的性格。

——**天资聪颖　豪迈不羁**　阳明在孩提时，便充满了传奇色彩。相传阳明的母亲郑夫人怀孕14个月才生下他。而在阳明出生前，其祖母岑太夫人曾经梦神人自云中送儿下，故阳明出生后，其祖父王伦便为这个新生孙儿取名为云，这便是"云中送儿"典故的由来。阳明出生后，5岁才能说话，却出口即诵祖父所曾读过之文，11岁赋诗即能对答自如，这都展现了阳明天资聪颖的秉性。有时候这种性格又表现出"狂"的一面，阳明15岁游居庸关，慨然有经略四方之志，不仅留意考察战备，而且与胡人交锋。后闻石英、王勇、石和尚、刘千斤为乱，几次想向朝廷献策，其父斥之为狂，终作罢。这种性格也表现出特立独行的一面。阳明17岁大婚之日即游铁柱官，向一道士讨习养生之术，至明早始回还家里。阳明早期对占据主流意识形态的程朱理学的怀疑以及其后的突破，针锋相对地提出其心学命题，除其思索体悟等努力外，其天资聪颖、好学深思、豪迈不羁的性格，毋庸置疑也赋予了其额外的勇气。

——追寻程朱的年代　不管早期的阳明如何具备了突破程朱理学的诸多条件，但不可否认的是，其学术生涯还是以追寻程朱为起点的。因为其时作为一名学子接受教育的直接动因就是为了科举应试，而科举考试的内容主干就是经过程朱理学解释过后的儒家经典，因此，从阳明的蒙学阶段为始，程朱学说就不可避免地充斥着他的视野。早在其12岁时，阳明在与其塾师的对话中就已经阐明科举登第并不是天下第一等事，第一等事当为做圣贤的鲜明主张。"圣贤"一词在阳明的话语体系中是非常丰富的，而这里的"圣贤"我们基本上可以把它与程朱理学画上等号。因为在弘治二年，也就是阳明17岁时，他曾拜访当时著名的朱学代表娄谅，娄谅向其讲授宋儒的格物之学，认为如此可以做得圣贤，致得圣学。阳明也对此非常认同。从中我们大致可以看出所谓的"圣贤"、"圣学"的内涵，即是以程朱为代表的宋儒及其学说。在具体的为学路径上，阳明也充分借鉴了程朱学说的相关理论。就在阳明向娄谅请教的次年，他的性格发生了明显的变化，即由洒脱随意转向严肃端庄，这显然与吸收了朱熹居敬持正的读书致知路数有关系。其后在科举上所取得的成就，也无不说明程朱学说对青年阳明的成功塑造。就时间跨度而言，阳明早期为学的这一阶段，直至其龙场悟道建立起自己的学说体系和学术自信，才宣告结束。

但我们同样也不能忽视的是：就阳明追寻程朱时代的学术内涵而言，它同样包含着对于程朱的怀疑，其中最为人津津乐道的就是按照朱子格物致知说所进行的"庭前格竹"的著名典故。阳明以深信不疑的宋儒格物之说为理据，对着庭前的竹子反复思索，希望获得真知，但经过一段时间的静默思索之后，没有获得任何收获，也没有取得思想上的升华，反而却因此而染上了重病。由此，他开始对通过研习程朱学说以达到成圣成贤的途径产生了怀疑，进而采取了消极的人生态度，主要表现为消极避世和随波逐流，如接触佛老思想和抛弃成圣信念，把以前不屑为之的辞章之学作为研读的重点。就这一阶段阳明的格物致知的求学探索经历，特别是因失败转而出入佛老的经历而言，都对其后来心学理论体系的构建，起到了非常重要的作用。

——出入佛老　在阳明企望通过对程朱等宋儒诸说研习以达到其成圣成贤的愿望破灭之后，"辞章"和"骑射"之学确实分散了其一部分精力，但他每每更多地把精力用于研习佛、老，特别是道家学说。27岁时，对程朱学说仍抱有些许希望的阳明，一日看到朱熹"居敬持志"的读书之道，就此反思以往沉溺于辞章之学的种种不妥，于是按照朱熹所言去做，虽然有所收获，但终不能达到其所希望的圆融贯通境界，从而导致其"庭前格竹"失败后的又一次大的心理挫折，这时阳明寻求心理解脱的依靠就是道家养生之术。道家成为此一时期阳明的心理慰藉。其后利用游九华山之机拜谒道者陈蓬头，请教地藏洞异人，于阳明洞中行导引之术并有所得。平心而论，佛、道思想确实对阳明产生了一定的影响，即便是在其晚年建立心学的体系之后。如在其52岁时，仍然认为士人所谓佛、道的内容，本身都是儒家所具有的，只是后儒自我"约束"了自己，让出了这些领域，本来这些都可以统摄于儒家理论体系下的。对于佛、道，阳明表现出较为柔和的态度，并非像时人简单地斥之为"外道"、"异端"。而且在阳明传播自己的心学理论中，面对世儒关于佛、老与儒家的纷纷扰扰，佛、老问题一直存在于阳明的话语体系中。但又不可否认的是：阳明后来又摆脱了佛老的羁绊，而且这一过程是在"龙场悟道"之前两年，即31岁时。至于弃去佛老的原因，《年谱》载有两条：浪费精力和扭曲人性，即所谓"簸弄精神"和"断灭种性"。其后，阳明在各种场合把其所悟付与实践。同年，成功劝服一禅僧放弃修炼，回家探望母亲。次年，在主持山东乡试时，提出了"老佛害道"的命题。这都说明阳明又产生了"用世"的念头，重新返归于"圣学"所规定的既有内容。而这次返归给阳明带来了身体和精神上更大的挑战，当然也使得他没有回到程朱学说这一出发原点，而是开启了自己的学说体系。

——**龙场悟道** 龙场顿悟在阳明心学发展史上的地位是毋庸置疑的，它标志着阳明心学体系的初步建立。考察龙场顿悟产生的原因，其中既有龙场非人的肉体和精神磨难，也有阳明豪迈不羁的性格，以及追随程朱的失败，和出入佛老的亲身经历等。通观《年谱》所载，寥寥数语，颇有神秘色彩。其实龙场顿悟所悟之"道"，即"圣人之道，吾性自足"的内涵而言，这一思想早在其15岁练字的经历中就已经开启其端了。阳明认为"心"本身就包含着练好字的天然属性，只要把此"心"本就具备的这一能力发挥出来即可。这说明龙场顿悟的经历在阳明心学发展史上固然非常重要，但其理论渊源有自，我们切不可把阳明"寤寐中若有人语之者"或"犹如天授"的得道欣喜，仅仅理解为阳明学说不能自圆其说的口实。当然，也毋庸讳言，关于龙场悟道的具体内容，我们也确实需要一定的梳理才能完整确定。大致看来，其内涵基本包含"心即理"和"知行合一"两大命题。"吾性自足"及"心即理"，都表达了心体存在的第一性。"知行合一"命题是阳明在龙场顿悟的次年提出的，并以此教学。当然这一命题的提出也是建立在"心即理"心学这一基本命题基础之上的，即阳明所说的向我们的心求得圣人之理，它本身就是一个知行合一的过程。龙场顿悟前后，阳明提出了自己心学体系三大命题中的两大命题，其学说一经提出，开人耳目，门徒益进，当然也从一开始就面临着各方的辩难。

——**学说流布、挫折及其发展**　早在弘治十八年（1505），王阳明便以倡明圣学为事，即开始有门徒跟随。赴龙场路上，也是随地讲授。龙场得道后次年，以知行合一之教折服提学副使席书与当地诸生，并入主贵阳书院讲学，不仅获得了一定数量的拥趸，而且有了固定的讲习场所，这都为阳明学派的发展奠定了初步基础。赴任庐陵途中，又教门人习以静坐之法。正德五年（1510）入京，后军都督府都事黄绾对其学说非常信服。之后门徒日进，据《年谱》记载，正德八年（1513），他在安徽滁州督马政时，门人就已经达到数百人的规模，这也说明阳明门派已经初具了规模。其后，阳明执政江西，随着学说的精进和政治威望的提高，阳明学派的地位进一步稳固和发展。不仅培养了信奉阳明心学并以宣扬师说为己任的一批骨干，如邹守益、欧阳德、刘邦采等人，而且代表其学说的各种著作也得以刊行传布，如《朱子晚年定论》、《古本大学》、《传习录》等等。更为重要的是，阳明基于学派不断发展的基础上，在与门生的往复探讨中，也相应促进了自己的认识，从而使其理论更为丰满和圆通。如在其弟子徐爱的追问下，阳明提出了"心即理"这一命题，并在多处采取了"心外无理"、"心外无物"等反命题，来进一步表达其"吾性自足"的丰富内涵。又如论朱陆之争，也是在门生王舆庵和徐成之的争辩不下的情况下，迫使阳明提出自己看似居中调和实际却是表彰陆学的见解，某种程度上也承认了其心学思想源自象山之学。特别是在评价朱子学的过程中，阳明广泛使用"心"、"尊德性"等主体范畴，这更在一定程度上表现出向朱子学公然挑战的态势。可见，在与诸生的讨论中，阳明对于如何悟得本心的途径是不断思考的，当然其中也多有反复，这都促进了阳明学的发展。

在阳明心学的流布过程中，同样也面临着种种窘境，特别是关乎工夫论一节。

正德五年，阳明由龙场赴庐陵任上，遇到昔日门人冀元亨、蒋信、刘观时等人，向他们诉说自己在贵阳发明的"知行合一"之说不为时人理解，引起了认识上的模糊很有悔意，从而对此说提出了修正，认为可以通过静坐方法悟得心之本体。既而又认为静坐之方容易让人把此与佛教禅宗入定等同起来，故又寄书澄清：静坐只是因为我辈在生活中为杂事烦扰，不知如何悟得本心，而采取的一种权宜的方法。同年十二月，在与门生黄绾、应良论工夫的过程中，阳明的态度就明显坚决和硬气了很多。认为心体分为圣人和常人，圣人自不必言，常人心体则往往为杂念侵蚀，这就需要一番外在的修炼。甚至我们可以说，虽然阳明较早地提出了"心即理"这一本体论意义上的命题，但这一关乎其工夫论上的问题一直等到其"致良知"学说的提出，才大致算告一段落。

——致良知　在阳明于50岁（一说49岁）时提出"致良知"的命题前，其生活基本可以概括为两方面内容：一是忙于自身学说的构建和学派的发展；一是投身于仕途，处理政务。同时，这两方面又是相互交叉的。如前已提及，阳明在江西时是阳明学派发展的突出时期，这正是利用了阳明平定宸濠之乱所积累的政治资本，使得阳明成为儒家内圣外王理想的代表，这无疑促进了阳明学派的发展。不仅如此，平定宸濠之乱还对阳明"致良知"一说的产生发生了直接的作用。首先来看一下平定宸濠之乱的原委。正德十四年（1519），宁王宸濠在江西南昌叛乱，向明朝的留都南京进军，企图取代武宗皇帝，对明朝统治的延续构成了直接的威胁。阳明时在江西丰城，由于事起仓促，未在明廷授权下即组织"义兵"讨伐宁王，短短10天之内战局即告结束。但由于武帝的昏庸和王彬的图谋不轨，围绕这一事件的政治机谋依然密布，当然首功之臣王阳明也是危险重重，但最终都得以化险为夷。也就是在经历宸濠之变及其后的政治动荡后，阳明提出了其心学体系的第三个基本命题：致良知。阳明对此非常重视，认为是其学说的最终归宿。

通观阳明"致良知"的内涵，大致有两方面内容：何为良知？良知如何致得？前者属于本体论范畴，后者属于工夫论范畴。关乎前者，王阳明良知说在孟子良知即为道德良心这一伦理学的基础上，强调了良知是心之本体、良知是理等本体论上的普遍性和绝对性。"致良知"主要的贡献在其工夫论上，这也是阳明在提出这一概念之后，紧接着就表达"只恐学者得之容易，把作一种光景玩弄，不落实用功，负此知耳"的担心所在。阳明一方面主张把吾心本具之良知推致到事事物物上，则事物之理自现。一方面也认为良知是当下的即刻存在，时刻存于现实实物中，因此也有必要"随时就事上"去做致良知功夫。更由于常人不能保持住这一自然良知，因此就更有必要在日常生活中通过现实修为去致得良知，从而达到成圣成贤的目的。但就"致良知"这一命题所包含的本体论和工夫论内涵，虽然在阳明这里得到了疏通，但在门人和后学那里却一直是一个争论最多的话题。

——**天泉证道**　嘉靖六年（1527），阳明奉命将要征讨思恩、田州的前夕，两大弟子王畿和钱德洪针对阳明晚年提出的"无善无恶心之体，有善有恶意之动，知善知恶是良知，为善去恶是格物"的所谓"四句教法"来讨论为学宗旨。王畿认为在阳明心意知物本是一贯的前提下，既然心之本体是无善无恶的，那意、知、物三者的属性也应是无善无恶的，钱德洪对此提出了不同的观点，认为虽然心之本体是无善无恶的，但此本性往往为习性所遮掩，落在意上则为有善有恶，因此需要"为善去恶"，才能恢复它本来无善无恶的状态。两者相争不能决，请教于阳明。于是，师徒三人在天桥上进行了问答，史称"天泉证道"。"天泉证道"所包含的思想内涵是十分丰富的，探讨了"心体"与"性体"、"无善"与"至善"等范畴，除此之外，还有一个非常重要也是老生常谈的问题，即本体论和工夫论的问题。表面上看，阳明对于王畿和钱德洪的争执采取了调和折中的态度，认为王畿和钱德洪只看到了事物的一面，其实相互之间应该借鉴，而不是排斥。承认自己"教法"原有两种，对于秉性较高的，往往鼓励他们随心所欲，直悟本源；对于普通人而言，则要在事物上磨炼，慢慢积累。而秉性较高者显然在普通人之上。由此，我们暂且不论在本体论上王畿的主张与阳明"良知自足"说更为契合，得到阳明的认可。即使就工夫论上，阳明也较赞成王畿之论，而视钱德洪所主张的磨炼只是一种退而求其次的方法。虽然通过"天泉证道"使王门弟子对于师说有了进一步的了解和体悟，但阳明对于王畿的理解表达了担心，即只去悬空想个本体，放弃对具体事情的考虑和实践，这样有可能流于虚妄。其实这也是后人对于王学理论的担心，当然也是后人批评阳明学说时最常利用的口实。

——"此心光明"：阳明之死　　阳明进入广西的次年，即嘉靖七年（1528），很快平定了思恩、田州之乱。同年，对八寨、断藤峡等地的蛮夷的征讨也取得了大捷。与此同时，阳明新疾旧病并发，因此上疏乞老归乡，而在朝廷批示未到之前，由于病情非常严重而离任归乡。是年十一月二十八日，舟至青龙铺。次日，阳明自感将不久人世，召门生周绩至面前，言："吾去矣！"周绩哭着问有何遗言，阳明微笑答道："此心光明，亦复何言？"①综观阳明一生，历经艰辛、动荡曲折，期间取得了荡涤宸濠和平定思、田的勋绩，"动心忍性"之下开创了一套心学体系。逝后虽有受人诬陷，被剥夺"新建伯"爵号，亦有后世学界对其"空谈心性"、"清谈误国"的种种恶评，但正如阳明所言说和所信奉的："圣人之道，吾性自足。"这都为阳明逝前所言

---

①王阳明：《王阳明全集》卷35，《年谱》三，吴光等编校本，上海古籍出版社1992年版，第1324页。关于王阳明卒年，《年谱》、黄绾《阳明先生行状》和钱德洪《讣告同门》等文献皆记载为嘉靖七年十一月二十九日，对应公历则为1529年1月9日，故嘉靖七年跨公元纪年1528年和1529年两个年头。

"此心光明"作了鲜明的注脚。时至今日，抛开既有的成见，重新认识阳明，重新思量其心学体系，重新解读其文献经典，已经成为我们迫切的任务，同时也是无上的荣耀。

## 二 《传习录》与阳明学说的构筑

与阳明心学内涵的丰富性和系统性对比鲜明的是，阳明并没有为后人留下一部独立撰写的完整著作，他的论说主要存于后人为其编辑的各种文集中。这里就出现一个问题，他的各种版本的文集既然是后人编辑的，那关于文集范围的选择、文集所选文章旨趣的取舍，甚至是其具体观点（因为文集当中的很多语录都是学生聆听时记下来的，学生的知识结构并不相同，难免在各种观点上有所分歧），就难免会掺入后人的主观意志，而不完全是阳明学说的本来面目，因此在很多方面都表现出或多或少的差异。我们在梳理阳明后学与阳明学说的具体关系时，不免会产生阳明学说与其后学之间确实在一定程度上也还表现出"存在—反映"的模式，但更大程度上则表现出后人构筑的印象。

同时，我们也需要注意的一点是：在后人编集的各种版本的阳明文集中，《传习录》往往占据着前三卷内容，由此可知《传习录》在阳明学说构建中的重要性。大致看来，《传习录》在阳明学说的构建过程中表现出以下特点：

——**完整** 我们知道，阳明学的三大理论命题是："心即理"、"知行合一"和"致良知"。通观《传习录》所载内容，这三大命题都是包含其中的。如关于他心学建立的理论基础，也就是"心即理"命题，他借用程朱理学广泛使用的"理"的概念，提出"心外无理"，认为程朱理学所谓独立于人身之外的、支配万物生发的"理"是内在于人心的，理内在于人心是一种本然状态。因此，要想寻得此"理"，只需保有"真心"和"本心"。世界万物的存在，那是因为我心的存在，我心不存，万物皆灭。最为脍炙人口也是屡遭批判的典型，就是《传习录》卷上记载的一段"山中花"的故事。一日，他和弟子们到南镇地方游玩，一个弟子针对其"心即理"问题指出，像这花在山中存在着，独自花开花落，于我心有什么关系？阳明利用其心学命题回答道，我们所谓的花就是我们的心对这个东西产生了作用，心不起作用，也就没有所谓的花。阳明在这里把程朱理学所谓的理内化于心，赋予了心丰富的含义和强大的功能。关于"知行合一"，强调知即是行，行即是知。以更具有持久效力的伦理孝道为例，如果我们知道所谓的孝但不去行孝，那是我们并没有真正知道孝的道理，如果真知道孝的道理，我们就会去行孝，也就是未有知而不行者。如上种种基本命题和事例，都是存于《传习录》中，可以说《传习录》对于阳明学说的构建是最为基本也是较为完整的。

——**系统** 中国的（或者说东方的）思想特点，较多地表现出以事例论证观点的特色，和西方注重逻辑演绎的思想特点不同。通过《传习录》所呈现的阳明思想，则显得比较有特点，可以说是具备了两者的优点。阳明的思想在具体方面当然也和东方的思想特点一样，如前述"山中花"的事实就是典型的一个例子。也就是说，在提出自己的观点后，不是对这一观点进行层层剖析，而是举出一个鲜明的实例予以说明。但《传习录》从整体上给我们所呈现的阳明思想则是非常注重逻辑演绎的。因为在阳明"心即理"、"知行合一"和"致良知"三大命题中，其地位是不一样的，"心即理"构成了"知行合一"和"致良知"的理论基础，后两者都由前者推衍而来。《传习录》的安排基本就是按照这一模式构建的，先是对于"心即理"理论的构建，接着是"知行合一"和"致良知"，这都可以看出《传习录》结集者的匠心独运。这一点对我们现代很多学者产生了非常大的影响，看看现在的许多有关阳明思想的著作，基本都是按照《传习录》构建的模式或顺序来展开的。

——**典型** 还有一点需要说明，阳明的思想史料比较分散，他基本上是随问就答，对于他本人而言，并没有仔细考虑如何系统地安排这些史料，因此关于同一个命题，许多方面都有相关的史料。但毕竟这些史料的随意性比较强，对于阳明思想观点所产生的烘托作用也是不尽一致的，而《传习录》所收录的史料都是能够典型地反映阳明思想观点的。如钱德洪就曾言，关于阳明心学中的"知行本体"，最能代表阳明本来观点的就是存于《传习录》卷中的《答人论学》、《答周道通》、《答陆清伯》和《答欧阳崇一》中。同样，阳明的"格物"之说也主要见于《传习录》卷中《答罗整庵》中。可以说，《传习录》集约、典型地构建了阳明的心学理论。

作为客观发生的阳明思想早已翻篇，成为过去且一去不复返，我们对于阳明思想的研究，主要利用留下的文献史料，所幸的是，有这么一部完整、系统、典型地构建了阳明思想的《传习录》。

## 三　《传习录》与阳明学说的传播

通过"龙场悟道"这一置之死地而后生的顿悟，阳明在学术上建立起了足够的自信，这在阳明个人思想的演变历程中无疑是一个标志性的事件。但我们也应该明白：每一个学派固然要有其代表人物，他们在这一学派的发展中起到了举足轻重的作用。这很像现代某一领域出现了权威人士，这里的"权威"固然有他自身的价值，但师友对其的推荐和提携，也是"权威"产生的必不可少条件。同时，代表人物终究是代表人物，他并不能与他所代表的学派完全画上等号。其实，阳明与阳明学派的关系何尝不如此。具体到"龙场悟道"，我们也只能说它是阳明心学学说建立的一个标志，切不可想当然地理解为以阳明为代表的心学派别，通过"龙场悟道"就已经解决了所有问题。尤其是作为一个学派，在具备了基本理论的前提下，它的发展和壮大仍是一个需要落实到实处的问题。

这一点阳明也是心知肚明的。早在"龙场顿悟"的前一年，他在送别其学生蔡希颜、朱守忠、徐曰仁三人出外做官，所作《别三子序》中就认为，学派如果想取得发展，必须需要众多师友同心协力，所谓"一人为之，二人从而翼之，已而翼之者益众焉"，唯独如此，才能够取得成功。因此，阳明对于儒家所主张的"师友之道"给予特别的关注，这说明阳明已经充分地认识到现实的师友关系对于理论传播和学派发展的重要性，也表明他会建立一种教学组织和学术网络来传播其心学理论。从后来阳明心学讲学体制和学派发展壮大的事实来看，阳明确实是深谙此道的。"龙场顿悟"后，阳明的学术自信虽已经确立起来，但由于心学讲学体制处于草创阶段，因此阳明心学的传播往往局限在很小的范围内。明末大儒黄宗羲的《明儒学案》就记载了阳明学说在"龙场悟道"前后，也仅仅局限在他所生活的浙江余姚一带有限的地域内，其学术影响并不尽如人意。当然，按照一般的思路，随着时间的推展，阳明学派讲学体制的构建和学脉会逐步健全和完善起来，它的发展也会顺理成章。但其中发生的一件事，却加速了这一进程，那就是其语录集《传习录》的结集和刊刻。总结《传习录》在阳明学说传播过程中的作用，我们大致认为有以下几个方面：

——**突破地域限制**　前面我们已经知道，阳明学说早期的传播仅局限于他生活的有限地域内，即浙江余姚一带。阳明逝后，嘉靖三十四年（1555），曾才汉第一次编集并刊刻了《阳明先生遗言录》，这是《传习续录》的第一个版本。以后此书流入湖北蕲春一带，当地学者多是通过此书来了解和信奉阳明心学学说的。这一点在阳明后学沈宠在请阳明嫡传弟子钱德洪为《传习续录》补遗时说得非常明白，这一段记载保存于《传习录》卷下钱德洪所作跋语中。由此可见，《传习录》推动了王学在蕲春传播，有效地扩展了阳明学说的传播地域，从而打破了阳明学派传播过程中的空间概念，克服了因阳明逝去而为阳明心学学派的发展所带来的困难。

——**突破时间限制**　《传习录》使阳明心学在传播过程中突破了时间限制。阳明的离世对阳明心学的发展固然是一大打击，但所幸由于《传习录》的存在，使得心学理论能够脱离阳明这一历史实体而继续传播，有效地降低了阳明逝去对于阳明学派发展所带来的风险。自古以来，中国教育方式有两种，即亲炙和私淑。所谓亲炙，就是学生直接当面向老师请教或贴身随老师学习；所谓私淑，主要是指由于各种原因，也包括老师逝去这样无法改变的原因，学生通过当面请教以外的各种渠道了解老师学说并信奉。阳明学派的发展和壮大多依赖阳明著作的传播，而《传习录》由于其编辑和刊刻较早，在学者们中间流行较早，影响很大，因此成为后学研习和传播阳明学的一个重要的媒介。如诸多阳明的私淑弟子大多是通过研习《传习录》来学习王学的。王学其中一个重要的支派——江右学派，其代表人物之一罗洪先就属于这类情况。罗洪先幼年就曾听说阳明讲学于虔台，有向学的打算，但由于各种原因，没有成行。后来还是看到了《传习录》，反复研读，从而成为心学学派发展上的重要人物。像罗洪先这样的王学后学不在少数，如吴钟峦、赵大洲、蔡懋德等人，都是通过研习《传习录》来接触和体悟王学的。而更多的史料都表明，许多学者都是在读了《传习录》之后，才开始向慕和追随阳明心学的。

　　——提供文本保障　就《传习录》的内容来分析，虽然其仅为阳明言行的节录，但所反映的阳明学说理论却是十分丰富的，涵盖了阳明"心即理"、"知行合一"、"致良知"三大命题的方方面面，而所录语录也都经过慎重考虑，最为典型地反映和说明了阳明思想的各个方面。前已提到的钱德洪对于《传习录》所反映的阳明"知行本体"理论和"格物"说，就是典型的例子。其实阳明心学各大命题提出伊始，就面临着各种各样的质疑和非难，其中有来自于王学外部的，也有来自王学内部的。阳明生前，通过其统一解答，基本上可以维持理论上的统一。阳明逝后，则众说纷纭，解决这一状况的常用方法就是返归辑录阳明生前言论的《传习录》这一文本，通过解读这一文本所包含的内容来找出自己立论的依据。明代后期的学者焦竑在《刻传习录序》中就曾说，当今学者对于阳明学说的争议都需要《传习录》中所载阳明言论为准。钱德洪也在《续刻传习录序》中表达了统一阳明逝后所造成的阳明学派言论和思想不统一的局面，必须要依靠《传习录》来解决。当然，由于钱德洪在《传习录》收录内容和各种版本的编集上倾注了"特别"的热情，说其"特别"，是因为钱德洪往往根据自己的学术旨趣来断章取义地删定《传习录》的内容，因此，关于《传习录》是否能够真正代表阳明学说，在阳明后学当中也还存在着质疑的声音。但如上种种都表明两点信息：一是阳明心学之所以在阳明逝后依然能够成为学者们关注的重心，其中《传习录》就提供了这样一个重要的契机，一是尽管《传习录》存在钱德洪妄定的因素，它仍然是后学研究阳明心学最为倚重的文本。

通过以上所讲，我们大致可以看出，《传习录》使阳明学说的发展和传播突破了时空限制，集中了阳明学说最为核心和典型的论断，为阳明学说的传播立下了汗马功劳。

时至今日，关于阳明学说的内涵也是众说纷纭，莫衷一是，甚至是褒贬不一的。如何对阳明学说作出客观的评价，除了需要尽量排除时代因素对于我们的干扰，其中较为可行的方法，依然是要对集约阳明语录的《传习录》进行解读，探讨阳明言论的具体语境，深入了解阳明言之所指、意之所寓。

## 四 《传习录》的体例与版本

《传习录》是王阳明心学的一部经典，同时也是中国古代哲学思想史上的一部重要经典。书名"传习"二字，出自《论语·学而》"传不习乎",朱熹《论语集注》注曰："传谓受之于师,习谓熟之于己。"大概就是说,通过老师讲授和自己琢磨来进行学习。《传习录》就主要是对阳明和门生师友之间往复论学的文献记载。

**——体例的整齐和灵活** 从体例上来讲,我们一般认为《传习录》是一部语录体文献。其中卷一、卷三收录的是阳明与弟子或学友的讲学问答内容,并不是阳明撰写的,而是由其后学整理和编集的。卷二为阳明与其他学友往复论学的书信,其中由阳明撰写的只有他给学友的书信,其他书信则是与其探讨学问的学友撰写的。其实卷二的内容有一个整合的过程,后人在编集此卷时,之所以不仅要收入阳明撰写的书信,而且还把其他学者写给阳明的书信也收录其中,目的是要还原阳明书信产生的具体语言背景。故而从体例上讲,《传习录》的语录体体例不仅完整,而且灵活。

关于《传习录》成书过程和流传情况均比较复杂。就过程而言,可大致分为三个阶段,三个阶段分别形成三种不同的版本,即初刻《传习录》、续刻《传习录》和《传习续录》。就其流传情况,有单行本,也有附于后人编辑的各类王阳明文集传世的。

**——初刻《传习录》** 初刻《传习录》,一般认为即今吴光等编校《王阳明全集》中所收《传习录》的上卷。这一卷收入阳明弟子徐爱、陆澄、薛侃三人所录语录,总共129条。其中徐爱所录为14条，陆澄80条，薛侃35条。<sup>①</sup>据《年谱》所载，正德十三年（1518）八月，薛侃得徐爱所录1卷（今存14条）与序两篇（今存1篇），又与陆澄各录1卷，共3卷，刊刻于江西虔州（赣州）。关于《传习录》这第一个版本的内容，和现存于《全集》中的《传习录》相比较，学术界一般认为徐爱所录要超出现存的14条，而且陆澄和薛侃所录内容也互有出入。

——续刻《传习录》　　续刻《传习录》，一般包括《全集》中的《传习录》的上、中二卷。其中上卷一仍初刻《传习录》，中卷为续刻所增，分二册。嘉靖三年（1524），阳明弟子、时任绍兴府知府的南大吉在薛本3卷的基础上（是为上册），取门人已经刊刻的阳明论学书数篇为下册，命其弟南逢吉继续加以编校并刊刻于绍兴，成续刻《传习录》二册，又名《传习后录》。现行《全集》中的《传习录》中卷是经过钱德洪删定的本子，已非南大吉所刊本的原貌。其删定工作主要是：删除南本《答徐成书》二书，新增《答聂文蔚》第二书，将《训蒙大意示教读刘伯颂等》附录于后，又易论学书为问答语。内容依次为：《答顾东桥书》、《启问道通书》、《答陆原静书》、《又》、《答欧阳崇一》、《答罗整庵少宰书》、《答聂文蔚》、《又》和《训蒙大意示教读刘伯颂等》。

——《传习续录》　　《传习续录》，即我们通常意义上所说

---

①关于《传习录》条目的划分及其数量，悉从陈荣捷《王阳明传习录详注集评》，华东师范大学出版社2009年版。

的《全集》中的《传习录》下卷。它前后又经过三次结集。第一次是钱德洪利用为阳明奔丧，众多弟子齐集广信的机会，与同门约定利用3年时间来收录阳明的遗言。此后，阳明弟子纷纷整理、搜集阳明的遗言送给钱德洪。钱德洪选择了一些比较合适和典型的整理辑出初稿，打算与其整理的阳明的《文录》一起刊刻，但因故并未刊刻。嘉靖三十四年（1555），阳明另一弟子曾才汉根据钱德洪未刊手抄本，再加上自己搜集的条目，以《阳明先生遗言录》刊刻于荆（今湖北江陵）。第二次是钱德洪读了曾才汉刊刻的《阳明先生遗言录》之后，不甚满意，认为采集太杂，编排也不甚得当，于是又重新编订，题名为《传习续录》，在宁国（今属安徽宣城市）水西精舍进行再一次刻印。第三次是到了嘉靖三十五年（1556），钱德洪游学于湖北崇正书院，应沈宠之请，又进行了整理，和卷一、卷三的问答形式相一致，并把卷二阳明撰写的书信以问答的形式予以改编，并刻于蕲春。至此，《传习续录》，亦即今本《全集》之《传习录》下卷的基本部分终告完成，收有陈九川、黄直、黄修易、黄省曾、黄以方及钱德洪所录142条语录。隆庆六年（1572），谢廷杰汇刻《王文成公全书》，把阳明《朱子晚年定论》附刻于《传习续录》后，遂形成今之所传《传习录》的原貌。

今天所见到的《传习录》版本，比较通行也是比较完善的，就是今人吴光等人编校的《王阳明全集》前三卷，即《传习录》。影响比较大的还有陈荣捷为《传习录》所作的注解本，即

《王阳明传习录详注集评》，2009年由华东师范大学出版社在内地出版发行，首开化"卷"为"条"来编排《传习录》的先河。

## 五 《传习录》的当代价值

——解放思想 思想层面的东西最让人捉摸不透，它无形无影，但又无处不在，对于神经比较敏锐或敏感的人来说，它更是一个可以要命的东西。思想解放，众人皆耳熟能详，你我皆知，也常常作为各种场合弘扬主题思想的说辞，但思想要达到解放的境界谈何容易。许多情况下，只是我们为了求得生存和心理上的安慰，傻呵呵地把苦闷和抑郁有意忽略掉。中国几千年的历史中，一个时代，一个学派，乃至一个人达到这种境界的时候也是寥寥可数，更多的是思想的压抑。中国古代思想压抑的一个典型代表就是程朱理学，它把所谓"理"抬到很高的位置，并且和人类的"欲"截然对立，人类如果想达到知"理"的境界，必须禁欲苦行。这在现实层面，对于大众而言只能是可望而不可即的东西，但理学家们在学理上又把它说得头头是道，合情合理。因此，现实和理想之间的这种差距对人们就构成了无法回避的压迫。中国近代历史上所说的"以理杀人"、理学家的"臭面孔"等等，都是对于理学这一特性的反映。

如何突破理学的压迫，达到我们所谓的思想解放的境界，阳明以其切身的经历和缜密的学理予以了解答。他把外在之理内化于人心，认为理学家们所描述的理想人格和素质都是我们人类本身就具有的，再利用传统儒家性善论加以引渡，也就是说我们只要保持自身的本色，就可以达到理想人格的境界，人人皆可成圣成贤。这种理论疏导，卸去了压在人们心头圣贤难做的包袱的同时，更强调了个体的价值，强调了我们庸俗而又实在的生活的价值，从而使我们可以更大程度上按照自己意愿来安排我们的人生，而不是瞻前顾后，左顾右盼。当然，随着社会的发展，解放的意蕴也是不断丰富的，阳明学说所带来的解放内容很多时候可能对我们来讲已经不是一个问题，但其意义是不可抹杀的，对于现在的我们仍具有可资借鉴的地方。

　　**——勇于担当**　　"狂"是传统学者对于阳明及其学派所下的普遍断语。而在我们的价值体系中，"狂"也是一个贬义词，往往把它与标新立异、不自量力等归于一类。但我们也应该看到"狂"的另一面，即勇于担当的精神。它在阳明的人生中生发出许多值得称道、可歌可泣的事迹。没有狂，何来越权组织军队抗击宸濠，挽明廷于既倒？没有狂，何来自身陷入困顿，还在忧国忧民，发明心学来关注和缓解时人的心理压力？没有狂，何来意识到自己生前死后必将不合流俗而仍独倡圣学？阳明这里的狂，更多表现的是一种社会责任感。而现在的我们为了个人的仕途，不求有功，但求无过，对于自己应当履行的职责采取回避和踢皮球的态度，完全忽视大局发展和公众利益。两相比较，阳明心学的思想价值应该是立可判定的。

——**做一个本色的人** 程朱理学高悬标格，人们做不到但又必须要提倡，这只能导致一个结果，就是社会的普遍虚伪。鉴于此，阳明把个人之"心"作为外以应物和内以自处的依据，认为只要保持自己心的本来状态，我们就可以合理、完善地应对整个世界。因此，在阳明的哲学体系中，他非常坚持对"真"的强调。在阳明后学中，这一概念被应用到各个领域，如李贽的"童心说"、唐顺之的"本色论"，等等。仔细思考这些范畴的社会学意蕴，它都具备一个基本内容，即诚实，要求我们做一个本色的人，做一个诚实的人。哲学范畴最大的特点是普世性和历时性，也就是说它并不因时代的变迁和地域的不同而出现差异，既然阳明心学能够从逻辑上很好地梳理出我们仍然热切盼望的社会价值，而不是单单作为一种口号加以强调和作为一项政策强制推行，我们没理由拒绝阳明及其心学的馈赠。

价值是一个客观内容和主观发掘的过程。就阳明及其《传习录》而言，其所包含的价值内容是十分丰富的，远远不止上述几条。这里，限于篇幅，更限于我们的认识水平，略叙诸端，作为我们正文中集中发掘的引子。

# 第一讲　心学前传

——阳明心学的前提和动力

此心光明——评说王阳明与《传习录》

　　清代学人章学诚《文史通义·文德》篇说："不知古人之世，不可妄论古人文辞也，知其世矣，不知古人之身处，亦不可以遽论其文也。"由此看来，"知人论世"一向是评价历史人物学术思想的一个重要途径和标准。关于这段话中的"世"字，它既指古人生活的当世，并且由于古人的社会性及其延续性，也指"古人之身处"；而古人身处的世界也是从更古以前的历史发展而来的，因而还指古人以前的历史，或者说古人产生时所面临的历史前提。因此，对于我们考察的阳明及其心学，对于其前世今生的考察就非常必要了。

　　有关"今生"，也就是阳明及其心学产生的直接社会背景，我们会在具体的章节中，结合阳明的心学内容来作具体的考察。关于"前世"，这些是阳明心学产生时面临的前提，如果对它们知之甚少，甚至说一无所知，肯定会影响我们对于阳明及其心学的理解。我们首先集中来看一下阳明心学产生的历史前提。

# 一 道学谱系

在梳理和探讨阳明心学产生的历史前提前，我们首先来看一个范畴——理学。因为这关系到我们对于阳明心学的一个总体认识和定位，也部分关系到我们本节内容——"道学谱系"得以建立的逻辑构建。

一般而言，理学就是在儒家传统学说的基础上，吸收佛家和道家的思想，特别是佛家的思辨思想和道家的天体论发展而来的一种学说。这也是现代对于理学最为普遍的定义。由于古代思想中的"理"和"道"这些范畴在这一学说体系中的突出地位，因此，理学有时候又称为道学。又因为它主要产生于宋代，包括北宋和南宋，发展于元、明、清时期，因此，有时候又称为宋明理学。同时，以宋和明作为理学的前缀词，还有一种考虑，主要是在理学中存在着两派，一是以二程（程颢、程颐）、朱熹为代表的一派，主要产生于宋代；一是以陆九渊和王阳明为代表的一派，产生于陆九渊所生活的宋代，但充分发展却是在明朝的王阳明时期。因此，用宋、明，而不是元、清来修饰理学。也正因如此，理学内部的两派划分，也涉及现代人对广义理学概念和狭义理学概念的认定。学者们认为同时包含两派的理学，这是广义的理学。只包含程朱学说的理学，这是狭义的理学。在狭义的理学概念外，陆九渊和王阳明的学说是有专门称谓的，就是陆王心学。

从对理学最为普遍的定义中，它提供给我们两点信息。其中一点是理学并不是凭空产生的，它有其产生的时代背景和历史渊源，它不是宋代产生的一个完全新鲜的事物，然后延续到元、明、清。就它的思想来源来看，它包含早已在中国古代产生或流传的儒学、佛学和道学的内容。这就说明理学在宋代产生以前，它的很多思想内容都已经有其各自发展的历史了。因此，当理学或道学作为一个独立的范畴在宋代被提出之后，有关它的历史的梳理和建立就成为必要的了。这一方面能够增加它内涵的厚重感，另一方面也是它在产生初期的社会环境中，面临外界的质疑时一个绝好的解释，即理学不是新生的，它有着源远流长的历史。另外一点是，从上述定义中，我们还应看到，理学虽然吸收了佛学和道学的理论或思想，但其本质上来讲还是儒家思想。它还是把佛、道的相关内容安放在了占据传统思想主流的儒家这一坚实底座上。因此，它关于道学谱系的构建，也是以儒家为主的谱系构建。千万别因为我们说理学又称道学，就想当然地理解为理学是以传统道家学说为主干而建立起来的，其道学谱系的构建是以道家为主干的，那就大错特错了。

我们再看一下何谓道学谱系。总体上来讲，道学谱系就是以道学大家（那些对儒家道统传承有功的大儒）为中心而形成的特定学缘关系。通俗一点讲，是谁跟谁学习，谁继承了谁，谁又发展了谁的问题。

在大部分宋明理学家的眼中，主流的道学谱系大致就是这样一个框架：尧、舜、禹、汤、文、武、周公→孔子→孟子→周敦颐→二程（程颢、程颐）→朱熹。

总体来看，宋明理学家所构建的道学谱系既是现实的，又是虚幻的。

说其现实，那是因为在宋明理学家所谓的道学谱系中，所涉及的道学大家，如古圣王们、孔子、孟子、周敦颐、程颢、程颐和朱熹等大儒，要么在古代历史上是确确实实存在过的，要么是正生活于宋朝。这是我们认为宋明理学家构建的道学谱系是现实的一个原因。还有，关于各道学诸家之间的传承关系也是客观存在的，如朱熹对于二程"天理"学说的继承，其痕迹就非常明显，朱熹本人也自言不讳。有的甚至是亲炙式的言传身教，如二程两兄弟曾跟随周敦颐进行学习。这都说明，从学术谱系中的客观传承关系，或者从学术的延续性而言，这些都是客观存在的，也是现实的。

说其虚幻，主要是因为这个道学谱系是后人构建的，带有浓厚的主观色彩。由于每个人认识的角度不同，构建的道学谱系是各不相同的。我们前面所说的道学谱系，只是宋代理学家的正统说法，还有的把战国末期的荀子、汉代的扬雄、隋代的王通、唐代的韩愈都算进来的。正是这种随意性、人为性和主观性，我们一般说这种道学谱系是后人构建的，而不是像治统那样，谁之后一定是由谁来继统，是一种客观存在。而且，前后相传相继者之间也没有必然的教育和继承的义务。因此，这种由后人构建的道学谱系，具有一定的虚幻性特点。

有关道学的内容和价值，无非就两大体系。一是对个人道德起源与修养的探索，肯定个体道德修养的价值与意义，满足士人追求终极关怀的精神需要。一是把这种道德修养和价值的探讨应用于现实操作，以各种理学范畴为媒介，上升到对封建道德纲常、等级秩序和专制集权的合理性的探讨。也可以概括为圣人之道和天下之道。其实这种以圣人之道和天下之道为终极关怀的道学，在以儒家为代表的古代学术中就已经存在。从孔子开始，甚至是儒家崇拜的早于孔子的诸多圣贤当中，也都存在道学的内容，这也是道学谱系得以构建的一个原因。总之，对后世学者而言，道学的内容其实早在宋朝以前就已经产生和传播。但有关它各种概念的提出和界定，也还存在一个不断提出和发展的历史过程。

值得注意的是，在理学家眼中，很多时候，荀子也算是道学谱系当中的一员。但由于荀子处于战国末期，这一时期学者们一般都有一种综合各家学说的倾向，在墨、儒、道等等学派之外，杂家的出现和发展就很能说明这个问题。因此，更多的学者认为荀子已经不是单纯意义上的传统儒家，所以关于荀子在道学谱系中的地位往往是变动不居的，一会儿进入道学谱系，一会儿又被排除出去。故而对于大部分宋明理学家而言，一般都认为自孔子和孟子之后，道学的传承就中断了。

在孟子之后、宋代诸儒之前，论及道学与道统问题，有一个人物是必须要提到的，那就是唐代的韩愈。如果要追问道统说的首倡者，韩愈则当之无愧。韩愈在反佛的过程中，提出了自己的道统说。韩愈在《原道》一文中说：

> 斯道也，何道也？曰：斯吾所谓道也，非向所谓老与佛之道也。尧以是传之舜，舜以是传之禹，禹以是传之汤，汤以是传之文、武、周公，文、武、周公传之孔子，孔子传之孟轲，轲之死，不得其传焉。

在此，韩愈首先将儒家的仁义之道与老庄和佛教之道区别开来，进而初步构建了儒家道统谱系，即尧→舜→禹→周文王→周武王→周公→孔子→孟子这样一个传道统系。毫无疑问，韩愈的道统说给予了宋儒以极大的启发，奠定了宋儒道统说的基础。只是在以朱熹为代表的宋儒所排列的道统统系当中，却并没有给予韩愈的传道地位。从理论创造来讲，这显然是不公平的。

在宋代诸儒中，最早对儒家道学的阐发作出过重要贡献的，当属名儒胡瑗。大家可能对这个人不是太熟悉，但在很多学术史著作中，一般认为他是开宋儒学风的先河者，和宋儒孙明复齐名。宋神宗就曾经把胡瑗和自己的爱臣、大学者王安石相提并论，并问胡瑗的弟子刘彝二人孰优孰劣。刘彝回答说："臣师胡瑗，以道德仁义教东南诸生时，王安石方在场屋中，修进士业。……国家累朝取士，不以体用为本，而尚声律浮华之词，是以风俗偷薄。臣师当宝元、明道之间，尤病其失。遂以明体达用之学授诸生，夙夜勤瘁，二十余年。……出其门者无虑数千余人。故今学者明夫圣人体用以为政教之本，皆臣师之功，非安石比也。"①这段对话透露两点和我们论述主题相关的信息：其一，胡瑗是一个非常了得的人物，他的历史成就是可以和王安石比肩的，不然宋神宗也就不会把两者相提并论了。并且胡瑗在学术影响方面是要超出王安石的，起码在其弟子刘彝的眼中是如此。后世的许多学术史著作也都继承刘彝的这种观点；其二就是胡瑗乃开宋儒学风的先河者。何谓宋儒学风，也就是文中所谓的"道德仁义"以及"体用"之学。这都是理学产生后，理学家非常热衷探讨的问题。

但对于"道学"这一称谓的确定则不是胡瑗，据现代学者姜广辉研究，是一位大致生活于北宋庆历、皇祐年间（1041—1054）的、名不见经传的人物叫王开祖。当然姜先生所引用的这条史料也属于二手史料，即南宋学者陈谦所著的《儒志先生学业传》，这本书中提到王开祖曾经编写《儒志》一书，并且记载了《儒志》一书的最后一章，其中有这样一句话："由孟子以来，道学不明，吾欲述尧舜之道，论文、武之治，杜邪淫之路，辟皇极之门。"②姜先生提到的《儒志》一书，我们现在已经看不到全本，而且目前我们能够见到的版本中已经看不到这句话了。

这些史实上的梳理是必要的，我们所关心的是"道学"这一概念的提出对于理学发展的影响。这个记载为我们提出一个问题：从目前我们掌握的文献来看，王开祖这个名不见经传的小人物确实首先提出了"道学"这个范畴。但为什么后来的理学家们及其后学，往往都没有注意到这个人物呢？为什么没有把他纳入道学谱系呢？

---

① 《五朝名臣言行录》卷12，《安定胡先生》，四部丛刊本。
② 转引自姜广辉：《义理与考据——思想史研究中的价值关怀与实证方法》，中华书局2010年版，第452页。

我们推测可能存在两种情况，一是王开祖虽然提出了后来理学家们广泛应用的"道学"概念，但也仅此而已，他对道学的发展并没有产生突破性的作用，在内容大于形式的思维下，把他排除在道学谱系之外就是比较正常的了。另一种情况是王开祖确实影响不大，理学家们确实没有注意到他。如果是第一种情况，只能说明儒学新的发展确实已经势在必行，不是必须要由在儒学发展史上占据重要位置的阶段性人物提出这一概念，理学家们才能使用，从某种程度上来讲，理学家对"道学"这一范畴的应用确实迫不及待了。换一个角度来说，"道学"已经是这一时期士人的普遍需求。如果是第二种情况，那后来理学家和王开祖不约而同地使用了"道学"这一称谓，更是说明这一概念已经深入人心，宋儒们为自己所从事的学问打上一个标签已经成了非常迫切的需求。

也许是王开祖这么一个不起眼的小人物不经意间道出了一个引领风尚数百年的学术的称谓，正所谓"此窍一凿，混沌遂亡"[1]，后世的儒者就用这个称谓来称呼自己所从事的学说和事业。

稍晚于王开祖的理学家张载也使用过"道学"一词，他在《答范巽之书》中就说："朝廷以道学、政术为二事，此正自古之可忧者。"[2]关于这段史料，一是又一次出现了"道学"这一称谓，还有一层价值是张载说出了宋代理学家的一个宏大的抱负。从本质上来讲，就是他们的理学在现实中处于什么位置的问题。

张载所言的第二层含义，需要我们去回顾历史才能知晓。在宋代理学家看来，上古三代是一个圣明的时代，理想的时代。在这一时期，不存在学术和政治的分离，也就是道统和治统是合一的，道统中的领袖，同时也是治统中的明君贤臣。前面我们提到的尧、

---

[1]顾宪成：《小心斋札记》卷3，见《顾端文公遗书》943册，续修四库全书本，上海古籍出版社2003年版，第144页。

[2]张载：《答范巽之书》，见章锡琛《张载集》点校本，中华书局1978年版，第349页。

舜、禹、汤、文、武、周公等人，即是这一时期道统的传承人，也是治统的传承人。这些身居高位者，自然也是有德有才者。而后世则人心不古，世风日下，往往同时存在两条基本不怎么交叉的主线，一条是道统，一条是治统。也就是说，身居高位者往往不是有德有才者，也因此而导致了社会的混乱不堪。这也是张载所担忧的。该怎么办呢？理学家提出一个基本原则，即以道统来统摄治统，也就是说治统得听道统的。但原则是原则，现实是现实。现实治统中的皇帝是至高无上的，他绝不可能把至高无上的皇位让给天下最为有德有才者。理学家也认识到自己学说的刻薄，便找了一个台阶下来了。既然有德有才者不能做皇帝，那就为帝者师。学生听老师的，那是天经地义的。通过这一逻辑过渡，居于道统之内的理学家从意念上完成了对于治统的统摄。

这也是理学家张载有关"道学"称谓的这段史料给予我们的启发。这里还不得不提的是，据目前我们掌握的文献，张载有关"道学"的称谓仅此一条。

到了稍后的二程两兄弟那里，"道学"的称谓就被广泛运用起来，特别是弟弟程颐在总结他和哥哥程颢的学问时，"道学"这个称谓是不离嘴边的。"家兄道学行义，足以泽世垂后"[1]，"自予兄弟倡明道学，世方惊疑"[2]等等，都表达的是这一层意思。经过二程两兄弟的积极倡导，不仅道学的内容继续发展和流行，而且"道学"两字也更为明确地来指示宋儒所探讨的圣人之道和天下之道。

到了二程的四传弟子朱熹那里，他更是继承了二程的思想，特别是程颐的思想，也是以"道学"这一概念来称呼二程学问的，并

---

[1]程颢、程颐：《河南程氏文集》卷9，《答杨时慰书》，见王孝鱼《二程集》点校本，中华书局1981年版，第603页。
[2]程颢、程颐：《河南程氏文集》卷11，《祭李端伯文》，见《二程集》，第643页。

给予二程兄弟的道学极高的评价，认为他们是接续孔子和孟子的。

作为宋代理学的集大成者，朱熹不但重视阐发"道学"，宣扬"道学"思想，而且大讲"道统"，并在韩愈首倡道统论的基础上，系统提出了自己的道统说。朱熹说：

> 盖自上古圣神继天立极，而道统之传有自来矣。其见于经，则"允执厥中"者，尧之所以授舜也；"人心惟危，道心惟微，惟精惟一，允执厥中"者，舜之所以授禹也。……夫尧、舜、禹，天下之大圣也。以天下相传，天下之大事也。……自是以来，圣圣相承：若成汤、文、武之为君，皋陶、伊、傅、周、召之为臣，既皆以此而接夫道统之传。若吾夫子，则虽不得其位，而所以继往圣、开来学，其功反有贤于尧舜者。然当是时，见而知之者，惟颜氏、曾氏之传得其宗。及曾氏之再传，而复得夫子之孙子思。……自是而又再传以得孟氏，为能推明是书，以承先圣之统。及其没而遂失其传焉。……故程夫子兄弟者出，得有所考，以续夫千载不传之绪。[1]

在《奉安濂溪先生祠文》中，朱熹则说："惟先生(周敦颐)，道学渊懿，得传于天，上继孔颜，下启程氏，使当世学者得见圣贤千载之上，如闻其声，如睹其容。授受服行，措诸事业，传诸永久，而不失其正。其功烈之盛，盖自孟氏以来未始有也。"在《大学章句序》中，朱熹又说："宋德隆盛，治教休明。于是河南程氏两夫子出，而有接乎孟子之传。……然后古者大学教人之法、圣经贤传之指，粲然复明于世。虽以熹之不敏，亦幸私淑而与有闻焉。"

这三段话涵盖了朱熹道统说的全部内涵与用意：其一，他构建了一个尧、舜、禹之大圣→成汤、文、武之为君，皋陶（虞夏时人）、伊、傅、周、召之为臣→孔子→颜渊、曾子、子思→孟子→周敦颐→二程（程颢、程颐）→朱熹的传道统系，这一传道统系与韩愈的传道统系大致相同，只是朱熹否定了韩愈的传道地位，而增

---

[1]朱熹：《中庸章句序》，见《朱子全书》第6册，上海古籍出版社、安徽教育出版社2002年版，第30页。

添了宋代诸儒和他自己为传道之人。其二，他确定了代代相传之道统的"道"的内涵，那就是"人心惟危，道心惟微，惟精惟一，允执厥中"。这四句话的意思是说，人欲之心是很危险的，而道德之心是微暗的，要想彰显道心、灭除人欲之心，就必须专注修身，中庸处世。比起韩愈的仁义之"道"，朱熹关于"道"的十六字方针内容更为丰富，涉及人性论、修身与处世之道等，而且具有浓厚的理学色彩。其三，朱熹这个道统系统的构建及其"道"之内涵的确定，不但确立了宋儒在孟子以降儒学发展史上的地位，而且也由此确定了周敦颐、二程（程颢、程颐）和朱熹之程朱理学在宋学中的正统地位。

毫无疑问，朱熹不但是宋代理学的集大成者，也是儒家道统论的系统提出者和总结者。然而这样的毫无疑问，还是会有人提出疑问，理学后学、元代大儒吴澄就提出了不同的看法，他认为"近古之统，周子其元也，程、张其亨也，朱子其利也"[①]。意思是说，宋代的道统建设是以周敦颐为始的，二程两兄弟以及张载继其后，到了朱熹这里是继续发展。他这里利用了《周易》中的"元亨利贞"概念，朱熹曾对这四个字进行过界定，一般认为事物的产生就是"元"，成长过程为"亨"，继续成长而没有全备就是"利"，成熟就是"贞"。很显然，吴澄的观点并不像我们对于朱熹的定位，我们一般认为朱熹是理学的集大成者，道统说的总结者，那应该用"贞"来界定，而吴澄是用"利"字来界定的，看来，元代的吴澄认为朱熹只是道学的继续发展者。至于谁是"贞"，吴澄可能心有所属，把他自己看成是"贞"也未可知，因为对于每一个思想家而言，肯定认为自己的思想体系是最为完备、无懈可击的了。这些只是猜测，反正吴澄没有给出具体的说明。或者我们可以变换一下思路，作为道学仍然继续发展的元代，理学的发展仍然蒸蒸日上，吴

①黄宗羲：《宋元学案》卷92，《草庐学案》，中华书局1986年版，第3037页。

澄也不能断定何时是个尽头，没有尽头，就无法断定到底什么一个
状态才属于成熟，也就无法界定谁是"贞"了。

　　总之，到了朱熹这里，"先圣→孔子→孟子→周敦颐→二程→
朱熹"这一道学谱系得到了正式确定；同时，宣扬"道学"的宋儒
团体也因此得以形成。学者们因这个群体对"理"这一概念的极度
重视，故又称他们为程朱理学。

二

# 心学一脉

　　成于朱熹之手的"先圣→孔子→孟子→周敦颐→二程→朱熹"道学谱系，实为程朱理学对儒家道学传承的一种理解；而程朱理学只是代表宋儒理学发展的一个趋向。在程朱理学之外，还有一脉，就是陆九渊心学，它同样也是属于广义理学范畴这个范围内的。

　　这时，我们不免想起吴澄的话，他为什么没有把朱熹界定为"贞"，是否也对程朱理学的道统谱系丝毫没有陆九渊的痕迹存在一定的质疑？

　　尽管程朱理学一派建立了自己的占据时代主流的道统谱系，而且程朱理学也确实占据着当时的主流学术地位，但我们仍然认为宋代的理学在广义的范围内还应包含陆九渊心学。

　　陆九渊，字子静，号象山，江西人，朱熹就曾称呼陆九渊学问为江西陆学，或者称为"赣学"。

　　伟大的天才都是一个样子。据说，陆九渊从小就具有怀疑的精神。一次，他听到别人诵读程颐语录，就怀疑程颐所说与孔子的《论语》不合，进而认为程颐的论说太过烦琐。十三四岁时，他阅读古书时，看到"宇宙"一词，突然有所开悟，认为宇宙就是人的分内的事，宇宙和人心是对等的，宇宙是人心，人心就是宇宙。

　　陆九渊这里一个显在的思路就是借助宇宙来界定心的含义，也就是说心和宇宙一样都是绝对的存在。陆九渊和程朱理学家一样，也承认宇宙在某种程度上是可以和理画上等号的，整个宇宙都是由理充塞的。因此，以宇宙为媒介，陆九渊就顺理成章地提出了"心即理"的命题。

　　在陆九渊"心即理"的命题中，心具有两层含义。

　　一是具有道德评判的能力，是一切道德的来源。陆九渊认为，孟子的恻隐、羞恶、辞让、是非等所谓道德的能力都是心所具有的，都是心本来就具有的道德功能。并且这个心是人人具有的，是造物者的馈赠，具有这个心，就具备以恻隐、羞恶、辞让、是非为内容的这个理。

　　另一层含义是本心与理是相同的。他说：

　　　蓋心，一心也；理，一理也。至当归一，精义无二，此心此理，实不容有二。故夫子曰："吾道一以贯之。"①

　　大致意思是说，心是心，理是理。但理想状态下则是心是理，理也是心。两者是相同的，是相互贯通的。陆九渊的"心即理"命题中的"即"字是"相同"的意思，而不是"就是"的意思。也就是说，在这一命题应有的意思下，心和理是两个事物，但两者是相通或相同的，两者都是客观的独立存在，两者并不存在谁包含谁的问题。而是天然就具有的相同性格。

　　总体来看，陆九渊在心和理的问题上有一个底线，或者说这也是他并不怎么关心的。即他承认宇宙之理的客观存在，并不认为理是由心所生的，他强调的是代表主体之心与外在之理的同一性。

　　反过头来看，陆九渊的一生，确实从早期的对程颐学说"烦琐"的怀疑，到后来对于"宇宙"一词的开悟，再之后"心即理"命题的提出，都可以看出其学说思想是一以贯之的。

————————

①陆九渊：《陆九渊集》卷1，《与曾宅之》，中华书局1980年版，第4—5页。

这种思想又是从何而来呢？据陆九渊交代，还是孔、孟儒学。陆九渊说："窃不自揆，区区之学，自谓孟子之后，至是而始一明也。"[①]可以看出，陆九渊也是以接续孔、孟自许的，言下之意就是他那里才是儒学孔、孟一脉的正宗。陆九渊没做道统谱系，但是我们可以按照朱熹所构建的道学谱系给陆九渊也做一个，那应该就是"孔子→孟子→陆九渊"。

但很可惜的是，陆九渊的这一脉心学后继乏人，据明代学者仇兆鳌所说，一直等到明代的吴与弼和王阳明的出现，才又接续了心学这一脉。

确实，阳明也有这方面的主观愿望，他在《象山文集序》中就有构建心学谱系的打算。在这段长文中，他提出三代尧、舜、禹先后传承的内容就是"人心惟危，道心惟微，惟精惟一，允执厥中"。很显然，王阳明关于儒家千年相传之"道"的内涵的说法，跟朱熹是相一致的。阳明接着说，到了孔子之时，对于它的理解已经出现了分歧，其中子贡就提出仁的获得是要向外博施济众，这和孔子只要忠诚地守中执一就是仁的说法有所出入，孔子就告诉他仁不是向外求取，而是向内求之于心就可以了。阳明认为，继承孔子这一理解的是孟子。在孟子时期，有关心传内容也是争论不休的，这种争论不仅出现在儒家内部，如告子"仁内义外"之说，儒学之外的墨学也主张达到仁的境界就需要"摩顶放踵"。孟子却能秉承孔子所说，认为仁是内在于人心的，仁的显现只要让心的本然状态发挥出来即可。阳明进一步认为，孟子之后，一直到了宋代就是周敦颐和二程，他们提出了"无极而太极"的思想，表现出了把事情的解决归结为内心的倾向。周、程之后就是陆九渊，他虽然不像周、程那么精粹，逻辑性没那么强，理论也没那么抽象，但其理论简单明了，和周、程从孔、孟那里传承下

---

①陆九渊：《陆九渊集》卷10，《与路彦彬》，第134页。

来的"学之必求诸心"的心传内容是没有本质差别的。[1]

　　通过阳明的对于心学一脉的梳理，特别是在梳理过程中对于陆九渊心学的认可，我们大致可以按照阳明的意思勾画出一个相对完整的心学谱系，即尧→舜→禹→孔子→孟子→周敦颐→二程→陆九渊→王阳明，我们想这应该是阳明这段话的应有之义，而不是我们的杜撰。

①王阳明：《王阳明全集》卷7，《象山文集序》，第245页。

三

朱陆之争

到了朱熹这里，他有意识地建立起一套道学谱系。而关于心学一脉，虽然直到阳明那里才建立起比较完整的心学谱系，但陆九渊那里也若隐若现地出现了一套比较简约的心学谱系。重要的是这两套谱系并不尽相同，特别是涉及朱熹和陆九渊这些当事人时，更是非此即彼的。这就预示着两人对于儒学的理解出现了偏差，争论也在所难免。

他们之间的争论就是历史上赫赫有名的鹅湖之会。

鹅湖之会是南宋淳熙二年（1175）在信州（今江西上饶）鹅湖寺举行的一次著名的学术辩论会，会议是由朱熹和陆九渊共同的朋友吕祖谦出面邀请召开的。这时的朱熹正寓居鹅湖寺讲学，吕祖谦邀请陆九龄、陆九渊兄弟前来与朱熹会面，以商讨学问大计。其实吕祖谦召集他们商讨学术的本意，是想借机调和朱熹和陆九渊之间的争议。然而会议结果却适得其反，不仅没有调和双方的矛盾和分歧，反而是这种矛盾和分歧更为彰显。不过通过这场辩论，也使得两人进一步明确了各自的学问重心所在，进而增强了双方坚守各自学说的信心。

从辩论内容来看，朱熹和陆九渊都是把成为圣贤作为双方学问的目标，这一点没有大的差异，最主要的是在方法论上。

概括来讲，朱熹主张多读书，多观察事物，多向外求索，根据读书所得，观察事物积累的经验，然后加以分析、综合与归纳，从而得出结论。朱熹的思路很像我们认识和学习的基本思路，即要通过不断对外的学习，才能积累经验，然后再用经验指导我们的学习和生活。陆九渊则主张要想成圣成贤，首先要做的就是必须要发明本心，心明则万事万物的道理自然贯通，在这一认识过程中，读书，考察外界事物成为第二个过程。陆九渊的主张虽然乍看起来有点不合逻辑，其实也是非常正常的，不立宗旨，或者说不设立一个目标，不明确自己的目的，即使我们不断读书，不断向外界考察，对于增加我们的认识意义并不大。就像我们在读书时，老师经常所说的，要有发现问题的能力，要带着问题去读书，如果没有问题意识去进行泛读，我们会感觉读了也就读了，却从中获得不了什么，别说进而去总结多少抽象的认识，即使是客观知识，也是过目即忘了。如果能带着问题去读书，我们会感觉不是我们在读书，而是和我们问题相关的知识会自动往我们眼中跳，这也是陆九渊所强调的要先立本心的考虑所在。

陆九渊为准备鹅湖之会，曾从自己的角度赋诗一首，以概括他和朱熹的学术分歧。

> 墟墓兴哀宗庙钦，斯人千古不磨心。
> 涓流积至沧溟水，拳石崇成泰华岑。
> 易简工夫终久大，支离事业竟浮沉。
> 欲知自下升高处，真伪先须辨只今。[1]

诗中，陆九渊认为虽然从理论上来讲小的溪流可以积累成大水，小石头也可以堆积成巍峨的高山，但这些太过烦琐和"支离"，把人的有限的精力投入到这样劳动量非常大的工作中，其实也是不可行

---

[1]陆九渊：《陆九渊集》卷25，《鹅湖和教授兄韵》，第301页。

的。从而对朱熹把对成圣成贤的渴望寄望于不断向外求索的做法提出了批评。

据说，朱熹当初听到陆九渊所作这首诗时，刚开始是有所动容的，后来意识到陆九渊是在讽刺自己，老大地不高兴。因此，为了阐明自己学问的主张，当然也是为了反讥陆九渊，在鹅湖之会后的第三年，朱熹也和诗一首：

> 德义风流夙所钦，别离三载更关心。
> 偶扶藜杖出寒谷，又枉篮舆度远岑。
> 旧学商量加邃密，新知培养转深沉。
> 只愁说到无言处，不信人间有古今。①

思想家朱熹在这里又变成了文人，开首即表达对于陆九渊洒脱风流士韵的钦佩和欣赏，这应该是寒暄词，属于戴高帽之类的讽刺。后面一句诗道出了他的心声，认为陆九渊的学问太过于自信，什么都是他自己说了算，不愁没得讲，只怕会说到没有什么可说的，认为陆九渊不信古今，这是一种知识虚无主义的论调。因此，陆九渊的学问是空疏的，太过于师心自用。

通过陆九渊在赴会前的一首诗和朱熹在会后的一首诗，我们也可以看出，通过鹅湖之会，两人的分歧并没有解决。不仅没有解决，反而有越演越烈的趋势。

朱熹曾在各种场合对陆九渊提出过比较严厉的批评，说陆九渊自信太过，学问狭隘，根本听不进别人的话，学问已经偏离正常的轨道，还洋洋自得而没有意识到。陆九渊当然也是当仁不让，不仅没有认可朱熹的观点，而是更进一步表达了坚持自己学问的信心。

我们前面说朱熹和陆九渊争论的焦点往往在为学方法或路径上，都是属于哲学领域的工夫论层次，其实这种工夫论层次上的分歧必然有背后的本体论上的分歧作为支撑。

---

① 朱熹：《朱文公文集》卷4，《鹅湖寺和陆子寿》，四部丛刊本。

从本体论意义上来讲，朱熹主张天理是世界、宇宙的本源，是气产生的依据，但理也需要附着于气而发生作用。朱熹在论理的本源性时，往往是从理想状态下来探讨的，而气则是兼顾到了现实层面，多是从现实实际来说的。因此，总体上表现出气虽然来源于理，而一旦产生，理也就寓于气之中了。基于这种理、气关系的探讨，朱熹在心性论上主张心有道心和人心，道心是理的直接显现，人心则往往为气所附着。在人性论上，朱熹也是强调天理和人欲的对立。从理气论、心性论和人性论上看，朱熹的学问存在一种强调理和气、道心和人心、天理和人欲对立的倾向，自然，理、道心和天理是朱熹认为比较理想的状态，气、人心和人欲要向其靠拢或者与其保持一致，如何做到呢？就是通过读书学习，不停地向外求索才能达到这种理想状态。这也是朱熹工夫论上的来源。

陆九渊则强调理本身就充斥宇宙间，它和世界万物是无碍的，不存在在理这一范畴之外，还存在一个气的情况。基于这种认识，陆九渊不主张分道心和人心，因为它们是合一的。陆九渊在人性论上主张天理和人欲是相通的，是合二为一的，因此，他在工夫论上主张直悟本心，不需要关注外在世界。

现代学者往往把朱熹归为二元论者，而陆九渊归为一元论者，也是有一定道理的。在二元论者下往往强调的是两元的对立，而且总有其中的一元是对的，是比较理想的，那就得通过人的努力使另一元向这一元靠拢或与其保持一致。而在一元论下，没有这种冲突，只要抓住了这一元就可以了。而陆九渊的这一元就是心，那只要在心上切磋体悟就可以了，因此从总体上表现出一种向内的倾向，而不主张向外求索。

这就是朱熹和陆九渊这种基于本体论上的差异，由此影响到二者方法论上的差异的一个基本的思路。

# 四
# "反动"一词的困境

以上也是朱熹和陆九渊之争的大致内容，这一争论又对阳明产生了怎样的影响呢？

阳明在《传习录》中的一段话很能说明问题，我们来看一下：

> 且如今讲习讨论，下许多工夫，无非只是存此心，不失其德性而已。岂有尊德性只空空去尊，更不去问学？问学只是空空去问学，更与德性无关涉？如此，则不知今之所以讲习讨论者，更学何事？[①]

在这段话中，阳明利用"尊德性"和"道问学"来分别概括陆九渊和朱熹的学术特点。"尊德性"的大致意思就是一尊德行就可以了，它强调的是人的内在的道德自省。朱熹也经常利用这个特点来概括陆九渊的学术。"道问学"的大致意思就是以问学为道，通过学习，以求修正自身、完善自身，把学习当作修养以至成人的根本途径。显然，这就是朱熹学问路数的特点。这段话从表面上来看，阳明好像认为不管是尊德性还是道问学，都有其缺点，采取各打五十大板的调和策略，但仔细琢磨一下，这段话背后的意蕴，他是

①王阳明：《王阳明全集》卷1，《传习录》下，第122页。

倾向于陆九渊的。这第一句话是说，相比较于道问学，尊德性是更为重要的。紧接着说尊德性并不是悬空去想，而是以问学为途径，它是道问学的目的。这下我们就明白了阳明看似中立，实际上是偏向于陆九渊的真实态度。而在其他许多的场合，阳明直接赞扬陆九渊学术思想方法的言论很多，前面我们在"心学一脉"中提到阳明就把陆九渊看作是接续孟子圣学一脉的，这在强调统绪的古代学术背景中，就是对于陆九渊心学的最高评价和最大认可了。

一般而言，我们在谈及阳明与陆九渊的关系时，较多运用的一个句式就是：既继承也发展。也就是说阳明心学是对陆九渊心学的继承和发展。

首先，就继承而言，这一点是显而易见的。本体论上"心即理"的同样主张就是鲜明的写照。他和陆九渊一样都奠定了心作为其学说的核心地位，认为心是超越客观万物之上的抽象存在，具有我们所谓规则、规律的意思。还认为心是道德评判之源，具有无上的道德评判优势。工夫论上也继承了陆九渊先立宗旨的特点，认为人在认识过程中要直悟本心、勇于担当，强调人的道德自省。还有关于对心廓然大公和无累无滞等"无"的境界的追求上，等等，阳明都是从陆九渊心学那里找到了直接的依据。其实我们在后来具体讲述阳明心学的很多命题和范畴时，其中大部分含义都是陆九渊心学的内容，这里就不多说了。关于阳明对于陆九渊的继承方面，从前面我们依据阳明的话，所勾画出的心学谱系也可以看出。阳明起码是把陆九渊和自己都是看作儒学正统的，是维系圣学不绝的一脉，通俗一点讲他们是同类。因此，正是因为阳明心学和陆九渊心学相同的地方太多了，看似比较好说，但也只能从主干上来梳理，如果细分，那不啻于把阳明心学给讲了一遍，放在这里来说显然是不太合适的。

其次，就发展而言，阳明对于心的本体地位的认识更向前发展了一步。在阳明的心学体系中，对于心的界定不仅是前面已经提及的抽象的准则和规律、具有无上的道德评判优势这样的含义，而且阳明直接提出了心就是宇宙、世界的本源。我们前面在"心学一脉"中提到，在关于宇宙本源、世界本源的问题，陆九渊是没有给以明确说明的，或者说他在这一问题上是回避的，或者也可以说他并不关心这一问题。因此，陆九渊的心学和朱熹把理看作世界的本源的理学相比，总觉得在本体论上要更欠缺点什么，不如朱熹理学那么完善。这可能也是阳明所说的陆九渊的心学理论有点"粗"的原因吧。

正是阳明这种本体论上的突破，他的心学在工夫论意义上的探讨就比较大气，和程朱理学相比自成一个体系，而不是像陆九渊那样，往往没有明确的、深邃的理论支撑，很多方面还主要针对于朱熹的方法论作零星的抵抗，并没有超出朱熹的控制范围。如关于格物说，由于陆九渊没有意识到万物来源于心，因此，他提出首先要正心，但也要关注万物，要于世间万事万物上去总结抽象认识，以补充心的认识不足，这就使得其本体论和工夫论上出现了矛盾之处。也就是说他在本体论上有和朱熹不同的地方，但在工夫论上仍不能摆脱朱熹格物说的影响和思路。而阳明则是认为心是世间万物之源，那就不需要在万事万物上去总结抽象认识，去认识理，只要返归本心就可以了，因此，阳明把格物说通过一些意、知这些概念的过渡，最后解释成就是正心的意思。在此我们暂不讨论这些逻辑的合理性，然其逻辑性方面要比陆九渊更为圆通是显而易见的。

继承和发展，这大致就是阳明对于陆九渊心学的态度了。

那么，对同样作为阳明心学产生之前的程朱理学，阳明又是一个什么样的态度呢？

这个问题也比较复杂，甚至要比阳明对于陆九渊的态度更难以梳理。我们经常用一个词来给阳明和程朱理学之间的关系予以定性，就是反动。也就是说阳明心学是对程朱理学的反动。当然这种定性也不无道理，如本体论意义上对"心"、"理"的不同认识，格物说上的即物穷理和正心的差异，知行观上知先行后和知行合一的不同，等等问题，都是阳明和程朱理学的不同。这些内容我们会在以后的各讲中具体讲到，此不赘述。

用"反动"这一词汇来界定阳明和程朱理学之间的关系，确有其合理性，但绝不能涵盖阳明对于程朱理学的复杂而又纠结的态度。那么，究竟怎样认识阳明对于程朱理学的态度呢？

首先，我们得认识到程朱理学是一个总称，就它包含的人物而言，有二程、朱熹，这是显而易见的，它也包含周敦颐。我们在分析阳明对程朱理学诸代表人物的态度时，那就要分开来作具体分析，不能再作为一个整体、混为一团地进行总体评估。

先看阳明对于周敦颐的态度。按照阳明的理解，周敦颐也是属于心学一脉的，我们在前面已经提到，能把周敦颐纳入到他所构建的心学谱系中，这应该是承认周敦颐的心学地位的。前面也提到了主要是周敦颐"无极而太极"的理论，和心学把心的境界往往界定为无的理论是比较相似的。还有一点比较世俗的认识，周敦颐时期的理学往往处于草创阶段，很多理学的范畴他都没有涉及，而且周敦颐在时人的心中地位很高，往往是作为广义概念下理学的开山，因此，对于势力本来就比较弱的心学一脉而言，实在没有必要也不敢人为地把周敦颐树立为论敌。

对于二程，阳明也是区别对待的。二程，就是哥哥程颢和弟弟程颐。对于程颐，他和朱熹的思路基本是一致的，因此，阳明也是采取对朱熹的一贯态度，是极力批评的。对于程颢，由于思想上和陆九渊及阳明有很多相似之处，阳明基本上是采取了肯定的态度。在前面我们讲到的阳明对于心学谱系的构建，其中有"二程"，那里的"二程"只是我们一个权宜的称法，这里需要澄清一下。在《象山文集序》中，阳明的具体表述是"至宋周、程二子，始复追寻孔、颜之宗"[①]。从这句话中，我们可以看出，到了宋朝能够接

————
① 王阳明：《王阳明全集》卷7，《象山文集序》，第245页。

续儒学正统的只有两个人，就是周、程两人。周是周敦颐无疑，据阳明对于二程的态度，"程"应该就是指程颢，而非程颐。对程颢的肯定，阳明在评价王畿对其"四句教法"的理解时也谈到，王畿的"四无说"是儒学秘传，即使是颜回、程颢这样的圣人也不敢自认为天资极高的，把程颢和颜回这一孔子的首席弟子相提并论，阳明对于程颢的赞扬也是不言而喻的。

阳明对于朱熹的态度更是复杂。正如前面我们所说的，从总体上来讲，阳明确实是对朱熹学说采取批判或反动的态度。但这种批判和反动，我们如果换个角度来看的话，它对于阳明建立其心学更是一种启示。在本体论上，陆九渊的"心即理"固然是阳明继承和进一步发展的前提，但程朱理学家所赋予的理的世界本源的意蕴，也是阳明把心发展为世界本源的外在动力。阳明把格物解释成正心的意思，也是在严格按照朱熹的格物说亲身实践了几番而不可行的情况下才发展出来的。阳明的知行合一也是建立在朱熹的知先行后说所导致的知而不行的结果上才反思知行本体的。这些我们在具体章节都会充分论述到，这里不再啰唆。可以看出，阳明时时刻刻是把朱熹理学作为重要的参照物，从而推动了阳明心学的完善的。

如果说，陆九渊的心学给阳明心学的建立提供了直接的、基础的营养，此可谓良师。那么朱熹的理学则始终站立在阳明心学的对面，时刻警醒着阳明，督促着阳明完善他的心学体系，此所谓诤友。而在阳明心目中，特别是在其心学建立过程中，相比较于良师，诤友的分量是更重的。我们也可以从以《传习录》为代表的阳明著作中，提到晦庵的次数要远超于象山的次数可以看出。其中保存在《传习录》末尾有《朱子晚年定论》一文，更是阳明对于朱熹的集中评价，反观陆九渊，则没有享受这种"待遇"。我们觉得虽然大致谈了一下阳明对于朱熹的态度，但还是非常有必要借助《朱子晚年定论》的视角，把阳明对于朱熹的态度再仔细分析一下。

## 五
## 《朱子晚年定论》的是与非

　　恩格斯在《路德维希·费尔巴哈与德国古典哲学的终结》一文中说："每一种新的进步，都必然表现为对某一神圣事物的亵渎，表现为对陈旧、日渐衰亡的，但为习惯所崇奉的秩序的叛逆。"此言不差。按照一般的认识逻辑，如果想在特定时间内取得突出的宣传效果，人们往往是把批判的矛头指向当下的权威，这也是俗语"枪打出头鸟"所应包含的含义。在当下光怪陆离的社会，利用名人效应进行恶意宣传和炒作的事例比比皆是，这自不必说。即使是在古代，即使是一些古代名士，揭开温情脉脉的历史面纱，这种情况也是大量存在的。平心而论，我们对于这一做法不能仅凭着自己的喜好想当然地以正义与否或是否应当提倡进行简单的评定，比较可行的办法应该是尽量还原当时的情境，作出具体的分析。

　　阳明在阐说自己的心学理论时，程朱学说，特别是朱熹所论始终是他的一个重要参照系，这涉及他心学理论提出的角度、具体的内容，以及理论检验等方方面面。《传习录》中收录的阳明与学生的问答语，表面看来是阳明在与学生对话，为学生解疑答惑，但许多情况下，阳明已经把对话的对象偷换成朱熹及其所代表的程朱理学。如《传习录》卷上收录的阳明与徐爱关于"知行合一"的讨论即是如此。

徐爱就曾以知行问题与王门诸生进行过反复辩论研讨，但并没有得出令人信服的结论，因此求教于阳明。阳明首先让徐爱指出自己的困惑。徐爱说现在的人都知道应当孝顺父母、友爱兄弟这样的道理，但现实却出现了许多不孝敬父母和不友爱兄弟的行为，由此可知，知道一个道理但未必去实行，因此，知和行是两回事，它们是分开的。这里，徐爱主要从现象的角度提出了知、行未能合一，从而对阳明所倡言的"知行合一"理论提出了困惑。其实，这也是程朱理学"知先行后"的知行观运用于现实所产生的一个比较典型的后果。对此，阳明回答道："此已被私欲隔断，不是知行的本体了。未有知而不行者。知而不行，只是未知。圣贤教人知行，正是要复那本体。不是着你只恁的便罢。"阳明认为之所以出现知、行相离的状况，那是因为存于我们心中的知行本来合一的本体状态已经为私欲迷惑遮蔽了，圣贤教给我们的知与行，正是要让我们恢复知行本来合一的状态。这里，阳明通过对圣贤所教内容的阐说，与其后对经典《大学》"如好好色"、"如恶恶臭"的解释，都鲜明地提出了知就是行、行就是知的知行合一命题。紧接着阳明又说："知行如何分得开？此便是知行的本体，不曾有私意隔断的。圣人教人，必要是如此，方可谓之知。不然，只是不曾知。此却是何等紧切着实的工夫。如今苦苦定要说知行做两个，是甚么意？某要说做一个，是什么意？若不知立言宗旨。只管说一个两个，亦有甚用？"这段话的前半段仍然是对其知行合一内容的阐述，在这里引起我们注意的是后半段话，特别是"如今苦苦定要说知行做两个，是甚么意？"乍看起来，此句似乎缺少主语。结合这段话是对徐爱问题的回答，我们也可以把这句话的主语确定为徐爱，也就是说，徐爱你今天非要把知行说成是两回事，你是怎么想的啊？但这里又产生了一个问题，徐爱所问是天下人都知道孝敬父母、尊敬兄长的道理，但在现实中却出现了许多不孝顺、不尊敬的现象，由此来看知与行是两回事。而阳明回答则主要是从知行合一的本然状态来回答，并没有涉及现实层面，从而在某种程度上规避了徐爱的问题。当然，徐爱的困惑依旧，"古人说知行做两个，亦是要人见个分晓一行做知的功夫，一行做行的功夫，即功夫始有下落。"[1]这同样又引起了阳明的驳斥。

我们再返回来看，为什么阳明对徐爱所提出的知行在现实中未能合一的现象作出这样的解释呢？这里阳明自觉或不自觉地已经把对话的对象偷换成了朱子，矛头直指其"知先行后"理论，认为这一理论分知与行为二，是社会上知而不行现象泛滥的罪魁祸首。文句中"今"字意蕴丰富，我们认为把它理解为当今世人比较合适。结合程朱理学居于意识形态统治地位的背景以及它对当时社会的普遍规定性，当今世人也就是程朱理学的代名词。有时候这一"今"字往往也表达为"今世"、"世"、"后世"等，这在《传习录》中是非常普遍的。由此看来，程朱理学在阳明心学的构建过程中施加了足够的压力，或者说产生了广泛、持续的影响，而阳明《朱子晚年定论》就是这一压力和影响的结果。

综观阳明在构建其心学体系的过程中对程朱理学的利用，其方式也是多种多样的，究其大概，主要有两种。一种是正面解读程朱理学内容，提出自己与之对立的观点。这是一种较为直接的方式，表现出态度比较坚决的特点。我们上面所看到的对于知行合一理论的构建即属于这一类型；一种则是利用程朱理学中的理论漏洞，特别是某些模糊的内容，甚而是曲解程朱理学内容来附和自己观点，从而达到论证自己观点合理性的目的。这种方式是比较迂回的，态度就比较犹豫或者怯懦。典型就是下面我们即将讲到的《朱子晚年定论》。

我们一再言及程朱理学作为明代主流意识形态，它对明代士

---

[1] 王阳明：《王阳明全集》卷1，《传习录》上，第3—4页。

子的影响是巨大的，当然作为明代一士子的阳明也莫能外。他在龙场悟道前对于程朱理学的追随自不待言。龙场悟道后，在提出"圣人之道，吾性自足"的"心即理"命题后的相当一段时期内，阳明仍然对于占据主流和支配地位的程朱理学表现不出足够的自信。对于龙场悟道，阳明是感到欣喜和自豪的，觉得自己体悟所得与儒家的主张是一致的。即使是在面对时人"立异好奇"的批评时，阳明仍然能够坚持自己的主张。但当面对朱子时，阳明则表现得又不够那么自信，"独于朱子之说，有相牴牾，恒疚于心。"认为自己体悟所得独与朱子所论有所出入，一直不能释怀，甚至产生"以朱子的聪明圣贤，难道他没有体察到这一点"的疑问。于是在龙场悟道后第六个年头，即1514年，阳明升任南京鸿胪寺卿并在南京讲学，"复取朱子之书而检求之"，竟然有了新的发现。阳明提出：后人认为的可以作为朱熹一生学术代表作的《四书集注》、《四书或问》，其实只是他中年时期的学说，不能作为他晚年的定论；认为朱熹也认识到了这一点，但是没来得及改正；而《朱子语类》多是门人出于阐述自己观点的私心而编辑的，与朱子平时所说多不符合，因此多不可信。为了更为全面地展现朱子的晚年思想风貌，阳明编纂了《朱子晚年定论》。这是阳明所给出的比较正式或者"冠冕堂皇"的理由。而阳明编纂是文的真正目的，则是其或许是不经心所透露的"庶几无疑于吾说"。① 也就是说，阳明希望通过有选择性地编辑朱子的书信，来说明朱子学说与自己学说是一致的，从而更进一步论证自己学说的合理性。

　　此《论》一出，各种批评自然就纷至沓来。如罗钦顺就曾致书阳明，认为《朱子晚年定论》缺乏考证、态度轻浮。阳明为回答罗钦顺批评而作的《答罗整庵少宰书》，很具艺术性和感染力，意蕴丰富，不仅进一步表达了他所得出的朱子晚年定论就是其所倡言

———————————

①王阳明：《王阳明全集》卷3，《传习录》下，第128页。

的"心即理"这一命题，而且对其歪曲朱子论点以迎合自己所守的"苦心"也作了真诚的披露。当然，通过此文，我们也可以进一步理解后人对《朱子晚年定论》所作的赞扬和批评，进而厘清《朱子晚年定论》在阳明心学传播过程中的作用。

完整地收录在《传习录》卷中的《答罗整庵少宰书》，在简短地表达了罗钦顺的批评是对其学术的关心这一客套之后，就引出了"心即理"的命题。在这一命题中，阳明赋予了"心"于外应物的主动地位，认为"心"是判断是非对错的唯一标准，即使是孔子这样的圣人也要接受这样的标准。这一点从阳明《朱子晚年定论》所录朱子书信内容也可以看出。在《朱子晚年定论》所录书信第一篇，即《答黄直卿书》开首即言"为学直是先要立本"①，这和阳明所论"为学须有本原"②何其相似。但结合朱子所论的具体语境，他无非就是强调在为学的具体方法上要有一定的原则问题，和阳明对于万物（包括是非判断）本源为"心"的界定南辕北辙，也就是说阳明《朱子晚年定论》中对于朱子学说的运用作了某方面的曲解。对此，我们且看阳明是如何论说的。

首先，阳明再一次表达了坚持自己观点的毅然决然，认为学问贵在内心有所得，这是自己的所悟之道，也是儒家的传统观念，又是天下的"公道"、"公学"。需要说明的是，阳明此论与朱子以独立于人心之外的"理"作为万物根源，以及作为是非判断标准的观点是格格不入的。阳明在与罗钦顺的信中，虽然对朱熹所论没有直接表态，有时候甚至是躲躲闪闪，但由于其观点和朱熹观点的本质差异性，他对自己观点的坚持本身就代表着对朱子的公然挑战。紧接着他以"辟杨墨"的孟子、"辟佛老"的韩愈自喻，进一步说明他虽然对朱子充满了敬仰之情，但在倡明天下"公道"、"公

①王阳明：《王阳明全集》卷3，《传习录》下，第128页。
②王阳明：《王阳明全集》卷1，《传习录》上，第14页。

学"抱负的引导下，还是对朱子提出了挑战，把受程朱理学所主导的现代学术流弊比喻为"洪水猛兽"。

其次，具体到《朱子晚年定论》的编纂，阳明也坦言作了某些方面的曲解或"委曲调停"，如将朱子中年的许多书信收入其中作为论证朱子晚年定论的依据等，但阳明认为这是"不得已而然"，认为不如此就不能阐明他所发现并坚守的圣学。阳明对于他曲解朱子学说以强就己说的辩说同时又是非常真诚的，对这一做法甚至使用"丧心病狂"这一带有自虐性的语言来评价，都表达了面对朱子的压力，阳明阐明圣学的急迫和焦虑的心理。当然，面对时人的赞扬和批评，也只能以"知我者谓我心忧，不知我者谓我何求"聊以自慰。可见，由于《朱子晚年定论》对于阳明学说具有很强的代表意义，又由于自身内容的丰富性，它甫一出现，有关它的是是非非就如影随形，成为学者们争论的焦点。

我们所关心的，是《朱子晚年定论》在阳明心学理论构建和传播过程中的作用。大致看来，《朱子晚年定论》在阳明心学理论构建过程中的作用也是利弊相杂的。从积极方面来讲，阳明《朱子晚年定论》在其心学理论建设过程中起到了不可忽视的作用。他在此文中进一步申说了龙场悟道所建立的"心即理"这一命题，以主体之"心"消解了程朱所谓外在之"理"，特别是此"理"所蕴含的道德预判对社会所造成的普遍压抑，鼓励和刺激了士人的成圣成贤的现实作为，这是"心即理"这一命题的应有之义。而《朱子晚年定论》对这一命题的构建起到了促进其进一步发展的作用。具体到它对阳明的心学发展历程的贡献，则是大大有效地缓解了朱子学说对于阳明心学所构成的压力，使得阳明进一步加强了自己的学术信心，为其心学理论体系的顺利展开作出了突出的贡献。

从消极方面来讲，主要是对于阳明心学的传播产生了一定的影响，损害了阳明学说的说服力。前述罗钦顺的批评即是一例。编纂了《阳明先生辑要》的施邦曜，也认为阳明以杨墨比朱子的观点失于"过激"。孙鏴则认为阳明所谓"委曲求全"之语，实有"乡愿之见"，并认为王学有其独立的价值，不用借助于朱子之说行世，而王学在后来传播过程中所面临的尴尬处境，留给别人攻击的口实，正是因为阳明《朱子晚年定论》。因此，在其所序关于阳明的书籍中，已经把《朱子晚年定论》删减掉。①其后，学者们对阳明的《朱子晚年定论》失于考实的内容从各个角度都进行了驳斥，如罗钦顺《困知记》、陈建《学蔀通辩》、王尹《道学回澜》、孙承泽《考正晚年定论》等。这都削弱了王学在后世学者中的公信力。清人李光地《榕村语录》载："姚江所编《朱子晚年定论》一书，罗整庵细查年分与辩，姚江词屈，乃曰：'当时在留都，学者争闹，不得已以此权教。'一言虚诳，他皆无用，天下后世如整庵者岂少，知此之为权教无不疑为权教矣，谁肯从之。"②更是从《朱子晚年定论》的不可信对于阳明学说传播的影响作出了直接的逻辑梳理。从这层意义上来讲，阳明所作《朱子晚年定论》实为得不偿失。

贡献和促进也好，得不偿失也罢，我们都可以看出，以《朱子晚年定论》为代表，朱熹理学对于阳明心学的压力，以及阳明通过正面解读和侧面利用，有时候甚至是歪曲，有效缓解了朱熹理学对于其心学压力的同时，也进一步发展和完善了他的心学体系。在其心学发展和完善过程中，朱熹及其理学始终是阳明必须要面对和严肃对待的。

①引自陈荣捷：《王阳明传习录详注集评》，华东师范大学出版社2009年版，第151页。
②李光地：《榕村语录》卷20，文渊阁四库全书本。

第二讲
"心即理"的提出及其内涵
——自是之后，朱熹自是朱熹，
阳明自是阳明

此心光明——评说王阳明与《传习录》

在阳明一生的学术生涯中，其学术思想涉及许多的范畴和命题，其中有从前人继承发展而来的，也有阳明首创的。"心即理"就是其中的一个，其命题源自陆九渊，阳明却作出了重要理论突破。

我们首先大致了解一下"心即理"的意思，以免我们揣着糊涂上路，影响我们对这一命题的深入学习。单从字面意思上来看，不难。"心"、"理"都是名词，一个为主语，一个为宾语；"即"为谓语，"就是"的意思。连起来的意思是：心就是理。如果从这句话的内涵来讲，不是一两句话就能交代清楚的。由于心、理这些概念在阳明之前的理学家中是被高频率使用的，几乎有多少位理学家就有多少个解释，内涵非常丰富。当然，阳明的解释也是其中的一个，我们将在后来的论述中涉及。这里，我们只需明白在阳明的话语体系中，它强调的是心和理的严格对等。

交代完"心即理"命题的基本含义后，我们大致来看一下这一命题在阳明心学体系中的地位。在阳明众多的范畴和命题中，"心即理"是别具一格的一个。说其"别具一格"，一是因为这一命题并不是由他首创的，最为直接的继承关系则是源自陆九渊，除了命题的表述和陆九渊"心即理"没有任何差别外，还继承了陆九渊心具有超越客观现象的抽象存在和具有绝对的道德评判优势的含义。但阳明的这一命题又突破了陆九渊的论述，即更进一步赋予了心以宇宙本源的意味。以致很多人在看到"心即理"这一命题时，下意识想到的不是它的首创者陆九渊，而是它的发扬光大者王阳明。

同时，如果把作为宋代理学的殿军和集大成者朱熹的心、理学说作为参照，我们更能看出这种突破之大。虽然早在宋代，以鹅湖之会为代表的现实版朱陆之争就已经发生并产生了很大的影响，但人们在谈论朱陆之争时，还是更愿意把王阳明和朱熹的隔空对话作为经典而津津乐道。

经验是学说建立的最基本的促动因素，而人的经验来源无非就两个途径：一是自己切身的体会，这是直接经验；一是通过与别人交流、阅读书籍等手段获得，是为间接经验。并且，有时候这两种经验是相互交叉的。对于伟人的阳明来说也是如此，只不过直接经验和间接经验交叉的痕迹更为明显。

我们知道，阳明的一生，就是圣贤的一生。他始终走在希望成为圣贤、正在成为圣贤、已经成为圣贤的前途光明、过程崎岖的道路上。

在大多数士子眼中，当然也包括阳明在内，历史留下了一个已经成为圣贤的花名册，孔子、孟子、荀子、董仲舒、韩愈、李翱、周敦颐、程颐、程颢……这些都是立志成为圣贤的阳明们学习和模仿的直接对象，而最近的就是朱熹，更是对青年阳明们产生了直接的影响。甚至还是在他们懵懵懂懂时，以朱熹为代表的理学家们已经为他们规定了以后的发展路径，最为直接的影响就是按照他们规定的内容来考取功名。可以说，这时的阳明们基本上都是无意识地重复着这一父辈们不断重复的工作。

随着年龄的增长，阳明们从生理上来讲，也逐渐具有了独立思考的能力。一部分阳明们开始反思宋明理学家规定的、父辈们走过的路径，更有一小部分对这一路径开始叛逆，背离了这一路径。不过在这一小撮阳明们中，更多的则是在推翻了世代士子们都抱有的信仰，但没有找到自己人生的定位，而在短暂的人生中蹉跎，了却此生。

王阳明，也只有王阳明，在破坏的基础上建立了自己可以安身立命的命题——"心即理"。

如前所述，阳明经过了由追寻朱熹，质疑朱熹，到与朱熹分庭抗礼的阶段。由此可知，朱熹在阳明的一生中一直扮演着重要的角色。再看阳明"心即理"提出的契机和逻辑起点，仍然是以朱熹的理论为起点的。其中有对朱熹学说的反思，也有基于信奉朱熹思想进行实践而导致身体和精神上的切身挫折。

# 一

# 逻辑起点：
# "只为世人分心与理为二"

阳明"心即理"命题，是基于朱熹"分心与理为二"的理论漏洞而提出的。

在朱熹的笔下，理与心是两个事物，两者不能等同。心只具有知觉和主宰的能力，它被用来感知外物，它在本体上和外物并不是浑然一体的，而外物的总和就是天理，从这层意义上来讲，它们是主动和被动的关系。

同时，理作为万物的总和，它是无所不包容的。虽然心相对于理而言，它具有主动的意味，但从本质上来讲，它仍不失为万物之一，尽管它和客观事物相比，与理一样，具有较为抽象的意味。因此，理所涵盖的范围远远超出心，心是被包容于理之中的。它们的关系又是被包含与包含的关系。

这一点很像我们现代哲学上意识和存在的关系。就意识和存在的主被动关系而言，意识是主动的，存在是被动的。就两者涵盖的范围而言，存在要远远超出意识，意识不失为存在的一种，它是被包含在存在范围之内的。有关意识和存在的关系，我们还有一个决定论意义上的著名论断，就是存在决定意识。

在朱熹的笔下，存在决定意识的论断可以视为理对心具有决定意义。他把理归结为世界的本源和具有道德评判的能力，心虽然通过对理的学习和模仿也可以具备这些能力，但前提是它的这些能力的具备，从根源上来讲还是来源于理的。

出于这种认识前提，以朱熹为代表的宋儒，他们的工夫论或方法论上的主张就是格物致知。格物，这是认识了解事物；致知，就是获得抽象的认识或知识。格物致知，就是通过认识了解事物获得抽象的认识或知识。也就是说，通过对一个一个事物的认识和研究，我们就会获得并不断丰富我们的认识。

这里有两个问题。一是世间万物包罗万象，对于我们每一个个体而言，它基本上是无穷的，我们怎么能穷我们短暂的一生来认识每个事物？如果按照宋儒的观点作死板的理解，漏下一个事物，我们的认识都是错误的，起码是不全面的。按照宋儒的观点，一个一个的事物去格，不要说我们面临不同领域的能力问题，这就是单从客观时间上也无法保障。而作为认识论或工夫论意义上出现这一缺陷，可以说是致命的。当然，这也是反对宋儒的后学们批评他们的学说过于烦琐和缺少人文关怀的一个原因。

另一个问题是，按照这一理论，认识自是认识，存在自是存在，那这一理论会产生很多不良的社会后果。也就是说，我认识到与否是一回事，至于去不去做那又是另一回事。直白一点讲，由于做相比较于说而言，需要付出更多的辛劳，大部分人都会只说不练。这就要么导致认识和存在的脱节，要么在社会的高压之下，导致人类的普遍虚伪。

可以说，阳明"心即理"命题就主要是针对朱熹的分心、理为二，从而导致的这种工夫论意义上的弊端而提出的。

在阳明的笔下，心和理是同一的，心原本的状态和本源就是理。

基于这种本体论上的认识，在工夫论意义上，阳明提出了直指本心的认识方法论。他的逻辑思路是这样的，我们的认识对象是理，是想获得理来指导我们的生产和生活，而理和心是同一的，它是心的本体存在。因此，要想获得此理，只需也必须发明此心就可以了。这里就把朱熹笔下的附着在万物上的理统一归结到心上，从而在发明理的过程中，把认识对象集约于心上，而不是一物，一物，再加一物……这样无休止的认识过程。这样的方法论起码在理论上来讲要比朱熹的格物致知说更具有可操作性。

同时，阳明在"心即理"命题的基础上，提出了知行合一的方法论。阳明认为心只有一个，它表现在同情方面，就是我们所说的仁；如果处理得宜就是义；如果表现得严整、条理就是理。这些都是源自于心。既然我们都承认仁和义都是出自于心，那理同样也需向心求取。这里，阳明就把心定义成具有世界本源的性质，知和行都是源自于心，都不能向心外求取。因此，我们说阳明的知行合一论是建立在其心即理命题基础上的。这种同源于心的理论就把知和行看作一物，理论的注重点不是两者的区别，而是源于心的同一性。也就是阳明所说的知就是行，行就是知。知是行的开始，行是知的结果，两者是混一的，而不是一分为二的。这样的方法论也进一步深化了我们对认识内涵的理解，它并不仅是一个抽象的理论，而是应和实践结合在一起。正如阳明所说，如果你知道这个道理而不去实践，那说明你不是真的知道这个道理，真知道这个道理的人，他肯定会去实践的，这在一定程度上避免了只说不练这样比较普遍现象的存在。

当然，阳明的这种方法论由于建立在"心即理"命题的基础上，也确实存在着忽视求知对象的客观性的理论缺陷，但一个不争的事实是，它在弥补朱熹分心与理为二所导致的理论漏洞方面，作用是比较突出的。其"心即理"命题的提出，就是利用了朱熹分心与理为二所导致的实践论上的缺憾，而在本体论上与朱熹进行了分庭抗礼。

下面我们就采取其实也不是怎么聪明的办法，来仔细考究心、即、理这三个字在阳明语境下的确切所指，以及三个字连在一起所发生的化学效应。

## 二 "心"为何物

阳明关于心的界定，主要有三种方式：一是对于心的直接解读；二是借助于理展开对心的论说；三是以"心之本体"为句式的阐述。

首先，我们来看阳明对于心的直接解读。

"心"在中国古代是一个比较笼统的概念，它在很多场合绝不等同于现在医学意义上的心脏，有时候可以说和这一脏器毫无关系。在高深的宋明理学家那里，"心"是一个比较复杂的概念，总体来讲，它和现代意义上的大脑和思维比较相似。其实，这也与从古至今民间对于心的理解是一样的，如我们现代人说"多个心眼"、"长点心"，其实都表达了人要多用脑思考的意思。以朱熹为代表的程朱理学这一派别所表达的无非就是这些意思。而对于以阳明为代表的心学派别也表达了这层意思，但并不止于此。下面我们就看一下在阳明的话语中心究竟为何物。

这里我们采取一种逆向思维的方式，首先看看"心"不是什么。

阳明强调心不是某一脏器，它不是一团血肉。

阳明作此强调，当然并不是说阳明所生活的时代，人们完全不明白心脏的知识，其实古代的解剖学也得到了相当的发展。只不过到了后来，随着以儒家为主的学派对社会伦理的塑造，出于人伦关系，人们比较重视身体的继承性和完整性，才逐渐忽略甚至放弃了对于身体解剖这一现代社会视为是西方医学高尖精表现的"末技"。

作为近古的阳明，对医学上的心脏意义还是了解的。况且，古代的学者都是百科全书式的，不但兼通文史，甚至兼跨文理。如司马迁，按照我们现在的学科体系划分，我们就能给他冠以思想家、史学家、文学家、天文学家、易学家等等好多个头衔。很多时候，我们对古人的定位或评价，与其给他按各个领域进行划分和评定，不如按程度来进行。一位古人之伟大，那是全方位的，没有他不伟大的地方，只有我们后人没有注意或研究到的。这和现代一个所谓某一领域的专家出现以后，抱有各种目的的不同领域的学术群体纷纷把他拉入其圈内，人为地抬高他在各个学术领域内的价值是截然不同的。

说了这么多，我们无非就是想强调，阳明不是医盲，我们毫不怀疑他对心的医学意义是了解的。阳明曾经明确指出："所谓汝心，亦不专是那一团血肉。"[①]这里，请注意"专是"一词，言下之意就是说，我也知道心在一定场合可以指那一团血肉。至于血肉是否就可以等同于心脏，我们就别苛责医学确实不是其长项的阳明了吧。

但为什么阳明又会置基本的常识而不顾，对心作出如此解释和定义呢？这也很好理解，他既然把心抬高到具有世界本源意义的地位，他绝不会把心简单定义为只是一团血肉的东西，这样也太低级了。况且如果和医家一样，把心就看成心脏，那也是拿自己虽然有所了解但并不擅长的医学知识去说服别人相信自己关于心是万物之源的理论，那也只能博得受众病得不轻的嘲笑。两相

---

① 《王阳明全集》卷1，《传习录》上，第36页。

比较，取长补短，还是发挥他擅长理论和论辩的思维吧。伟人之所以是伟人，一个基本的素质就是要有自知之明。

伟大的阳明不仅提出了心不是一团血肉的理念，而且还作了论证，更难能可贵的是他的论证听起来也不是全无道理。他认为我们所谈的心，并非专指那一团血肉。如果心专指那团血肉，现在有个人死了，那团血肉仍在，但为什么不能视、听、言、动呢？阳明把视、听、言、动归结为是心具备的功能，人死了，心还在，应该还能具备视、听、言、动的能力，但事实却相反，从这个意义上来讲，心就不是一团血肉。这就是阳明的逻辑。

那么"心"究竟是什么呢？

从阳明的话来看，也不确定。在不同场合，他有不同的表述。

首先一点，和朱熹一样，阳明认为心就是知觉，就是主宰。他认为心并不是指一块血肉，只要是有知觉处就是心。例如，耳目知道听与看，手脚知道痛与痒。这样的知觉就是心。他还认为心是身的主宰。看是由眼睛完成的，但让眼睛能看的则是心；听是由耳朵来做的，但让耳朵能听的还是心；口与四肢虽然能言能动，但让口与四肢能言能动的仍然是心。

朱熹也说过意思相近的话，"心者，人之知觉，主于身而应事物者也。"[①]阳明和朱熹都认为心具有知觉方面的功能，可以感知酸甜苦辣、酸麻痛痒。同时，心还能主宰身体，支配各种器官的运动，如视听言动。就这一点而言，两者是没有什么差别的。

如果仅仅据此，我们并不能说阳明把心抬到多高的地位，他也没有资格向朱熹叫板，并且独立门户。因为这虽然相比较于把心看作一团血肉，或者没有把心直接等同于视听言动这些比较直观的人类行为要高明一些，但朱熹同样也是这么认为的。更为重要的是，

---

① 朱熹：《晦庵先生朱文公文集》卷65，《大禹谟》，见《朱子全书》第23册，第3278页。

这还是在说心具备的一些生理学上的意义，对酸甜苦辣、酸麻同样的感知，具备视听言动的能力，这些都是器官和意识具有的外在功能，它并没有突出心所具备的伦理学意义和本体论的性质，那你所谓的心是事物的本原或超于万物的先验存在，即"心即理"命题也就不能成立。看来，阳明还要向前再走一步。

如上所说，阳明论证心不是一团血肉，它具有能使你视、听、言、动的属性；而心的这一属性，其实也就是我们所说的天理，即本然属性。

阳明在把心与理联系起来的过程中，提出了中国古代哲学的另一个范畴——性。简单一点来理解，性的意思就是指事物的自然、生来具有的特点和属性。按照阳明的话来理解，心就是那能使你视听言动的本来具有的自然属性。天理是什么？天理就是指本来具有的自然属性。于此，通过"性"的过渡，阳明成功地把心嫁接到天理上面，从而完成了其"心即理"的逻辑构建。

如果需要对阳明"心即理"命题作进一步了解的话，我们还需要吃透阳明话语中"理"字在构建"心"的价值属性方面的意义。

下面来看一下第二种方式，阳明借助于理对心展开的论说。

"理"这一概念的提出，在中国古代思想史上源远流长。它刚开始的意思和我们现代一看到"理"字就想到的几个常用的词没有多大区别，无非就是道理、纹理、理论、条理等的意思。战国时期的韩非就说："理者，成物之文也。"也就是说理是万物之所以为万物的那个道理或支撑，其实在这里理就具有规律、规则和准则的抽象意义。其后的《说文解字》解释得更加质朴，"理，治玉也。"也就是说，理就是雕刻玉的方法和技巧，这无非表达的还是一些抽象意义的规律性的意思。

"理"字的这些含义一直延续到宋明理学，才有了较大的突破。

宋明理学家不约而同地把"理"字在原来具有规律和准则的基础上，提高到具有世界本源的意味。朱熹就说："未有天地之先，毕竟也只是理，有此理，便有此天地。"①理是先天地而生的，并且是天地产生的依据，它就是世界的本源。

宋明理学家除了赋予理以条理、规则、世界本源的含义外，同样也赋予了理以道德评判的意味。朱熹曾说："宇宙之间，一理而已。……其张之为三纲，其纪之为无常，盖皆此理之流行，无所适而不在。"②把封建伦理的三纲五常和理字等同起来，也就是说理字具有道德评判意味。

中国古代有一个不同于西方社会的地方，西方往往就客观事物而客观事物，往往对于这些客观事物进行一些看得见、摸得着的研究，他们的研究范围基本不超出这些事物的自然属性。而在中国，世间所有客观存在的事物，如果单就其客观意义而言，那是比较低级的，中国古人往往都会赋予这些客观事物以人的性情，这才是中国古人追求的东西。所以你尽可以说中国在自然科学方面落后，但你否定不了她是一个文化超级发达的大国。文化这种东西说好了比较抽象，往坏了看那是虚无缥缈，甚至有些是我们认为迷信的东西，对于这些东西，我们也称其为文化，但一般加上糟粕两字。

下面我们总结一下，理字的含义，无非三种意思：一为条理、规律的意思；一为世界的本源；一为具有道德评判的意味。不管是在程朱理学那里，还是在阳明学派那里，关于理的界定基本上就是这三种意思，没有大的出入。

现在我们再回过头来，关注阳明的"心即理"命题。

就阳明"心即理"这个句式而言，它的重点是心，而不是理。因此，我们对于宋明理学家，包括朱熹和阳明，关于理的含义说了那么一大堆，而想要分析和说明的，无非还是心究竟为何物。

在阳明心就是理的命题下，理所具备的所有特点和内涵，其实

---

① 朱熹：《朱子语类》卷1，中华书局1986年版，第1页。
② 朱熹：《晦庵先生朱文公文集》卷70，《读大纪》，见《朱子全书》第23册，第3376页。

都是心所具备的，都是在说明心为何物。不过在理所具备的三个内涵中，宋明理学家比较倾向于使用理的后两种含义；同样，阳明对于心的规定和界定上也是较多地使用后两种含义，即本源性质和道德意味，特别是后一种道德意味。关于心所具备的宇宙本源性质，阳明说："人者，天地万物之心也；心者，天地万物之主也。心即天，言心则天地万物皆举之矣。"①至于阳明对心的道德评判的界定，其具体论述就更为丰富了，在此不一一枚举。

需要注意的是，我们探讨阳明关于"心"的论述，主要依据的是阳明的谈话录《传习录》，即使不是这个文献，阳明所给我们留下来的其他一些文献，也是为了应付一帮弟子和学者的请教或质疑而产生的对话，这就决定了他不可能闲庭信步、按部就班地对某一个哲学范畴作出集中的解释。他关于"心"的很多论证，都是应急情况下而产生的，随机性比较强。你的问题涉及什么概念，我就从你的这个概念来界定心，如阳明在回答徐爱是否需要体会事君之忠、事父之孝等等中的道理时，就说："这种说法蒙蔽世人太久了，不是一两句话就能使人们清醒的。现在呢我仅就你的问题来谈一谈。"如此这般，就决定了阳明对于心的含义界定的丰富性。

此外，那种像西方关于哲学命题的论证方式，即层层的逻辑推演，也和中国，甚至是东方人的思维不相匹配，包括我们现代人也是这么一种情况。我们中国的学者，比较擅长的就是说明自己的观点，通过举一个比较有生活气息的例子来加以说明就完事了。这一点也在阳明身上有具体反映。如在郑朝朔和徐爱向阳明请教问题时，阳明都是让他们举几个例子来做具体分析和说明，有多少个例子就有多少个答案。作为东方人的阳明，他的这种思维方式与解说习惯，也决定了他对心含义界定的丰富性。

阳明还有一个对于心界定的方式，就是采用"心之本体"的句

---

①王阳明：《王阳明全集》卷6，《答季明德·丙戌》，第214页。

式。下面我们就看一下阳明解释心的第三个方式。

对于这一主题，我们还是采取分解的方法。"心"不必多说，前面已经大致知道了。"之"只是表示属性的一个词汇，相当于我们现代汉语上的"的"。重要的是"本体"是什么意思？

对于"本体"这一词汇，我们首先得克服一种心理障碍，特别是对哲学初学者而言。我们不能只把它当作哲学范畴的一个专有名词予以崇拜，而应该大致弄清楚它的含义。因为这一个词关涉到阳明对于心的种种界定。

本体，大致有这么几层意思：一层是指事物的本来面目；另外一层是从体用论出发，相比较于现象、实践、表现等概念，往往是指支撑这些现象发生的依据、本质等内在的、根本的、决定性的东西。在阳明的话语体系中，这两层意思都是具备的。

为什么我们要弄清"本体"的含义呢？因为它关乎阳明对心的种种界定。为什么说这一词汇关乎阳明对心的种种界定呢，这和作为哲学家的阳明的专业素养和表述习惯有莫大的关系。

关于如何界定心，阳明也有直接采取"心是什么"这样的句式来进行直接的表达，但在更多的时候，由于他面临对话的复杂性以及东方人的表述习惯，他较多采取的句式是"心之本体是什么"。这样的表述，我们同样也得把它看作是阳明关于心为何物的说明。

我们前面已经说到，在"理"的三层含义中，阳明较多地使用了后两种，即世界的本源和道德评判层面，特别是道德评判层面。而阳明关于"心之本体"的表述，基本上是围绕此展开的。

当然，我们说你具有道德评判的权利，一个前提是你首先要具备作为道德楷模的素养，因此，有关"心之本体"的说明，都是围绕着心如何具备道德优越性而展开的。如至善、性、知、诚、乐、定、天理等等，都是心之本体。

对于上面所列的几种心之本体的属性，至善自不必说，其拥有道德优越性也自不待言。

下面来看一下"性"。关于这一个字，我们要完全抛开庸俗的理解，把宋明理学家对这一字的意思用现代汉语表达出来，就是自然属性的意思。为什么它具有道德优越性呢？这又涉及我国古代长期争讼的人性论问题。关于人性论，存在着性善论和性恶论两种不同的观点，但一直以来，以孟子为代表的性善论派占据着儒家的主流。对于宋明理学家而言，包括朱熹和阳明，他们都是性善论的拥趸，因此，在他们的笔下，他们是不会交代他们这一预设理论前提的，但我们应清楚，这里的"性"字就它的道德属性而言，实际表达的就是性善的意思。因此，性也具有道德优越性。

对于"知"字的理解，我们同样也需要引申一些。在阳明的笔下，关于这一个字的运用可以分为两个阶段，在提出"致良知"概念之前，他很多时候是用"知"字来代替良知；在"致良知"概念提出之后，对于前期知的表达就换成了良知。我们这里所说的"知"就是良知的意思。阳明言："知是心之本体，心自然会知。见父自然知孝，见兄自然知弟，见孺子入井自然知恻隐。此便是良知，不假外求。"①对于这句话，我们有一点需要了解。首先是起始的两个"知"。第一个"知"就是具有本体论意义的良知而言的，它和最后一句话"此便是良知，不假外求"连起来理解，就是这就是良知，它内在于人心，是心的本然状态，不需要从外面求取。良知是什么？简而言之，孟子认为它就是指人们先天具有的道德善性和道德评判能力。在此基础上，阳明认为它还是具有本源性质的道德实体，也就是说良知不仅具有道德实践的能力，而且还是万物产生及其恒定的道德源泉。

诚、乐、定是心的本体。

关于"诚"，我们尽可以把它理解为诚实、专一、精一等具有道德襃扬意味的词，它作为一种美好的道德是可以肯定的。

---

① 王阳明：《王阳明全集》卷1，《传习录》上，第6页。

"乐"，是人生的高级境界，超越了人世间庸俗的纷扰，达到人心与天地和谐的境地。其实"定"的意思和诚、乐的意思有相通之处。也就是说，在阳明的笔下，各种境界和愿望固然很多，只要达到这一境界或愿望的理想状态，都是心的本体。按照这一思路，虽然阳明没明说，那是因为对话环境没有给他提供这样的机会，如果有的学生以这些范畴向他提问，我们想阳明会同样把仁、义、礼、智、信都看作心的本体。即使从传统的角度看起来不是那么光彩的一些价值观，如权、利、名等，如果能达到一种理想状态，它也是心本身具有的价值。如果理清阳明的这些思路，我们就不难理解阳明为什么和传统士大夫不一样，并不对追名逐利的工商业者和政客抱有特殊的反感了。进一步而言，即所谓"盗亦有道"也有它的合理性。

仔细琢磨阳明关于心之本体的界定，它可能存在与立场坚定与否、质和量间的相互转化等这些空洞理论存在着一些逻辑上的冲突，但其思想解放意义是毋庸置疑的，它揭开了蒙在人类发展历史上温情脉脉的面纱，突出了随着时代发展而千变万化的所谓传统恶的价值的正面形象，这一点要比忽视现实，想当然地构建出一幅其乐融融的人类发展谱图要真诚得多，也更能引起世人的共鸣，当然也更能增进人们对社会的反思和对社会发展的推进。

反过头来，我们再看阳明"至善是心之本体"论断下的"至善"，正如前面所言，它具有道德评判的道德优越性，但同时又超越这种道德实践论的层面，而是一种天然的道德实体存在，如果非要按照我们世俗的理解给它评定品性的话，那它究竟是善还是不善，阳明的回答是无善无不善，即所谓"无善无恶"。直白一点说，阳明是拒绝回答我们的问题的。我们的问题还是道德实践层面，而他这里已经上升到本体论的高度，强调至善是心的一种本体存在形式。其实，这也是朱熹和阳明的区别之处。朱熹往往把代表着美好的词汇用来描述道德实践，描述心所达到的一种境界。而阳明则除了像朱熹那样使用这些词汇外，还往往把它们定义为心的本体，即心的最初状态或本然状态。

我们再看一下"天理"。在阳明的笔下，"天理"有时候也表述成"天"，有时候又表述成"理"。这里的"天理"我们尽可以从"天理自在人心"、"天理不容"的道德实践方面来进行理解，它具备道德评判的能力。但同时，我们更要从本体论上来理解阳明把天理说成是心的苦心。阳明主要是为了借助天理在宋明学者中的崇高地位来抬高心的地位和价值，把它与天理等同起来。我们都知道天理在宋明理学家那里，它就具备这种本体的价值，那心就是天理，通过这种逻辑转换，也就确立了心的本体论意义上的地位。

上面介绍了阳明"心即理"命题提出的直接诱因、大致内容以及在阳明心学体系构建中的作用。但总觉得还是不够周全和客观，往往停留于一种玄而谈玄的境地，这可能也是一般爱好者在阅读哲学和思想专业的书籍时一个普遍的印象。其实，这也是比较正常的。之所以会出现这样的印象，那是因为我们主要是从哲学的角度来分析阳明"心即理"的提出及其内涵，重视对阳明"心即理"命题进行逻辑上的疏通，这是了解阳明这一命题的核心所在。

## 三 历史学的贡献

　　我们应该明白，阳明的"心即理"命题是已经发生了的历史事物，它有它发生、发展的历史背景。脱离了具体背景的交代，是会影响很多问题的解决的，有时候可能会使我们如坠云端，茫然不知所措。就像两个人在对话，第三个人如果不通过一段时间了解两人的正在对话的内容，那是根本无法参加到两人的对话中去的。因此，对于阳明"心即理"命题，我们又需要从更广阔的视野来了解它提出的背景、提出方式、运用方法等方面。这一般也是历史学所能提供给我们的基本思路和方法。

　　我们在这里没有争论历史学和哲学孰是孰非的意思，也不是争论究竟哪一个学科在解读阳明思想时更有优势。一个显在的道理，对于社会科学而言，利用越多的研究视角，发掘越多领域的价值，都能推进我们对于某一个社会科学主题的研究，这并不仅仅是视角的变换问题，对于阳明学研究也是如此。这些研究视野的开阔，总能推动有关阳明学的研究。

　　下面我们就看一下从历史学角度，应该如何解读和分疏阳明的"心即理"命题。

　　从前面对心就是理命题的逻辑疏导，我们大致可以看出"心即理"就是阳明早期安身立命的理论核心，也是他后来不断发展自己学说的依托。这里所说的"安身立命"绝对不是一种强调程度的修饰词，在回顾阳明悟得"心即理"这一命题时的情境时，他确实经过了心灵和身体的双重摧残。

这要从阳明被降职去做贵州龙场驿丞说起。

龙场，那是贵州万山丛林中的一处所。对于我们现代标榜热爱大自然的人类来讲，那可能是一个好去处，自然环境是纯天然的，而且纯得不能再纯，各种野生生物横行。在这里，我们不敢肯定人是不是观光客，但可以确定的是人类肯定是被观光者。由于独特的气候与地理环境，这里也是各种疾病频发的地方，并且这些疾病一旦发作，它基本上不给强调预防保养的中国古代医学留下多少机会。当年阳明谪居龙场时，就面临着这种身体上的折磨。

同时龙场驿丞这个职位，对于阳明还是一种精神折磨。可能明朝为了维护自己统一皇朝的面子，它在龙场这样一个可有可无的所在设立一个驿站，来作为政府的招待所。顾名思义，驿丞就是这个招待所的所长。这样一个职位，对于立志成圣成贤，希望成为明朝风云人物或影响时代的阳明来说，这种希望和现实之间的落差是无法用言语来描述的。更何况他还面临着语言的不通，能和他进行简单交流的，要么是由于各种原因逃亡该地的亡命之徒，要么是思想上更为脆弱，嗷嗷需要阳明拯救的一批随身生徒。这样的现实也把阳明寻找一个思想苦闷的排泄口给堵死了，更谈不上思想上的交流和相互切磋，阳明也只有把这种思想上的苦闷压在胸中，任其在内部发酵。

伟人就是伟人。身居招待所所长的阳明没有自暴自弃，没有在卸任时因胡吃海喝留下一堆足以导致当地小餐馆倒闭的坏账和死账，而是硬生生地发酵出了"心即理"这一奠定阳明心学理论以及对后世产生深远影响的旷世命题。

# 四
# 徐爱之问 阳明之答

关于"心即理"这一命题，我们在有关阳明的其他文献记载中看到的往往是遮遮掩掩、含糊不清的。主要表现在两个方面，一是悟道的方式多是醍醐灌顶、顿然开悟式的。阳明所苦苦追寻和探索的人生之理是在梦中悟得的，就像梦中有人指点而大彻大悟。二是关于"心即理"的内容，也基本上停留于一句口号式的宣言："圣贤就在心中。"理就在那里，不减一分，不增一毫。

这样的表述方式，作为芸芸众生的我们是断然难以接受的，也不免会按照我们平庸的心理去揣测，这是否是一种难以自圆其说的托辞？

别说和古人存在语言障碍的我们，即使是阳明时代的人，包括他的弟子也对阳明提出的这一命题摸不清头脑，关于这一命题的具体内容和其间的逻辑演绎还需要在不断追问下才能有所了解。所幸的是，《传习录》卷上比较集中地保留了阳明的弟子兼妹夫徐爱与其导师兼姐夫的对话，为我们了解"心即理"这一高深命题提供了一些引申和简单的说明。

朱熹，还是朱熹。阳明和徐爱的对话还是从阳明"心即理"命题与朱熹理学的不同入手的。

徐爱说："朱熹曾经指出事事物物都有它的道理，这好像和您所说的理在心中不同。"阳明回答道："到具体事物上寻求至善之理，这本身就是错误的。因为至善就是心本来的存在状态。我们要寻求至善之理，那只需要返求本心就可以了。"

这里，阳明其实对于"心即理"命题的内容没有作出解释，而只是利用它来说明朱熹认识的错误。当然，这样的回答不能使徐爱满意，也无法完全消解他心头的疑惑。

徐爱又自顾嘟哝了一句："至善的道理只从心中获得，这样的方式恐怕并不能穷尽天下的事理。"阳明再一次申述自己的观点："心即理。"并且采取了反问的语气予以回答，"你看到过存于心外的事和理吗？"

如果就此打住，阳明和徐爱的对话是失败的，我们从中看不到阳明对于徐爱的疑惑作出解释，更多的是阳明利用自己已经形成的理论来进行说教，有些地方甚至是比较武断和不容置疑的。

也许正是阳明的这一对话方式激起了徐爱的提问欲望，他想既然你死守你的理论不放，我认为不合理，那我举出你的理论不能解释的现实例子，看你怎样作答。他说："如伺候父母所需的孝，侍奉君主所需要的忠，与朋友交往所需要的信，治理百姓所需要的仁爱，这样具体的各种表现，其中存在着很多道理，恐怕也需要去一一探究。"对此，阳明感叹道："这种说法蒙蔽世人太久了，不是一两句话就能使人们清醒的。现在呢我仅就你的问题来谈一谈。比如侍父，不是从父亲那里求得孝的道理；事君，不是从君主那里求得忠的道理……孝、忠、信、仁都在各自心中。心就是理。没有被私欲迷惑的心，就是天理，不用到心外寻得半点。只要能保守这心的本然状态，表现在侍父上就是孝，表现在事君上就是忠，表现在交友和治理百姓上就是信和仁。去私欲、存天理只需在心上用功就可以了。"

对于徐爱举出的具体事例，阳明显然更能应付得自如一些，也更有说服力些。按照徐爱所说的，朱熹所谓的理是附着于外在事物上,独立于人心之外的,我们为了掌握这个事情的本源和规律,需要从具体、外在的事物上来不断探求。阳明据此逻辑推导,既然你认为孝(在阳明和徐爱的对话中可以代表朱熹所谓的外在之理,即事物的本源和规律性的东西)要从外在事物上获得,那么孝只能来源于父亲,这显然有悖于我们认识到的孝的含义,即由儿子对父亲所施加的行为,应该发自儿子才对。为什么在徐爱的语境中孝只能来源于父亲呢?阳明认为按照徐爱所说的朱熹的说法,理是来源于外在的、客观事物的,在孝这一过程中,儿子是主动的,他代表着内在的心,既然孝不是源于内心,那只能来源于父亲了。

诡辩!高明的诡辩!说诡辩一点都没有冤枉阳明。为什么不能把徐爱所说孝所包含的外在事物看成儿子对父亲尽孝的这一过程呢,因为这一过程它本身也是外在的、客观存在的。如果如此,那就不能把外在事物仅仅归结为儿子或父亲,其逻辑推演也不能把孝产生的根源归结为父亲了。

也可能在自信满满能问倒阳明的徐爱那里,阳明的这一回答打乱了他的既有的逻辑思路,他自言:"听了您的这么一席话,好像是那么回事,我已有所醒悟。"

反过头来看,其实阳明的回答也没那么糟糕。他起码说明了理的本源是什么,与朱子的理是外在的不同,他认为理是内在于心的,并且利用这一理论应付了一场师生间不大不小的争论。这是他的创获。

徐爱表达醒悟的话音未落,仔细思考了一下,还是想不通,说:"虽然您这般说了,但我仍然觉得朱熹所说还是有一定的道理,我的内心并不能完全摆脱朱熹的影响。同样如侍奉父亲,像那些嘘寒问暖、早晚请安的细节,不也需要讲求吗?"阳明这里引入了主与次、本质与现象这些我们现在耳熟能详的理论加以解释:"那怎能不讲求?但讲求的前提要分清主次。心是本源,我们要从心上下功夫。就像对父亲嘘寒问暖,你首先心中要有孝,而且心的本然状态它就包含着孝，如果能把被后天私欲蒙蔽的心恢复到它的本来的状态，那么这就是至纯的心，这样的心在现实中就自然会在对待父母方面想到嘘寒问暖。就像一棵树，树根就是那颗诚恳孝敬的心，枝叶就是尽孝的许多细节。树，它必须先有根，然后才有枝叶。并不能先有枝叶，然后才有根。"

其实，阳明的这些回答也不是滴水不漏，全然没有漏洞。按照阳明的理论，我们只要恢复心的本然状态，孝就会自然流露。这里，需要注意一个前提，那就是我们用了"恢复"这一词，也就是在现实中我们看到的许多现象，它们并不都是心的本然状态的表现，孝也需要注意现实中的一些具体经验的积累。我们暂且抛开阳明所说的心的本然状态，这一点太过于玄乎，太难把握，我们一般人也达不到那样的境界。通过现实的从事孝的实践，我们也能够从内心真正认识到孝的价值，以此再去指导我们孝的活动。也就是说，没必要非要像你阳明所说的把孝这一现实活动的本源归结为本心，它也可以同样来源于实践。其实这也是徐爱的担心，即按照您的理论，大部分人会只说不做，毕竟说比做要容易些。

奇怪的是，《传习录》中并没有马上记载徐爱的这种担心，而是插入了郑朝朔的提问，其实郑朝朔的提问也还是徐爱所提的现实细节和本然之心的冲突问题。徐爱可能在场，听了阳明接下来的一席话，似乎更为信服了一些。

关于"心即理"这一命题，阳明和徐爱师生的对话从文本表面上来看就结束了。结果是圆满的，成就是辉煌的，徐爱得到启示和一定程度的说服，阳明进一步阐述了该命题的内涵。

我们也应该知道，"心即理"这一命题是阳明学说的基本，其后阳明所提出的诸多命题都是以此为基础的。因此，在讨论其他命题的很多场合，这仍然是一个潜在的话题。有关它的话题还会持续，永远不会结束。

果不其然，紧接着《传习录》就记载了阳明和徐爱讨论"知行合一"的场景，其中一些对话仍然涉及了"心即理"的命题。徐爱从知和行，也就是认识和实践的角度提出了疑问："现在很多人知道对父母应该孝顺，对兄长应该尊敬，但往往不能孝，不能敬，可见知与行分明就是两码事。"阳明答道："那这是被私欲迷惑了，并不是知与行的原意了。没有知而不行的事。明白道理而不去施行，就是没有真正明白。"多么浅显的道理，就这样把徐爱的问题和担心解决了，其实这里所用的理论还是他的"心即理"命题。也就是说，你只要祛除蒙蔽你心的私欲，恢复心的本然状态，知就是行，行就是知。收于内就是知，发于外就是行。

以上我们还原了阳明和徐爱有关"心即理"这一命题的对话，从中可以看出这一命题提出的背景、内容以及它的初步运用。

# 五
# 借喻、错位与反问

　　从人类的生物学的角度来看，尽管也存在鸟语兽音，但人类的语言能力在表达的丰富性和准确性方面还是远远高于其他生物。人类历史上也留下了许多反映熟练使用语言的成语，如伶牙俐齿、慧心妙舌、下笔成文、能说善辩等等，现实中的我们也经常强调要注重讲话的方式和方法，这些都无不反映出语言在沟通人与人之间关系的重要性。

　　作为一门需要别人认可的学问，也就是说需要说服别人信服自己的理论，那语言并不仅仅是只起到沟通的作用了，更重要的是要说明自己学说的价值，并让别人真正体会它的价值。因此，我们在学习阳明"心即理"的内涵时，也要注意阳明对这一命题表达的艺术性，要分析阳明话语中对于诸多修辞方法的运用。

　　同时，我们也不能简单地认为这些提问方式只不过是一些外在的东西，它们对"心即理"命题内涵的解释和发掘无关紧要。其实，它们和阳明对于其"心即理"命题的解释息息相关。各种修辞方法的运用，保证了阳明在与他人的辩论中取得了较大的话语优势，这对推动阳明心学的传播至关重要，同时也以鲜明的态度表达了阳明的观点，进一步发掘了其理论内涵。

在阳明经常使用的语言技巧中，他比较惯用的就是借喻、反问和错位。下面我们就分别看一下阳明是怎样使用这些方法的，它们究竟在阳明阐说"心即理"命题时产生了怎样的作用。

关于借喻。我们前面还原的阳明和徐爱有关"心即理"命题的讨论，整个篇幅中就有很多处都使用了借喻的方法。其内涵就是提出自己的观点之后，不是进行逻辑上的层层推演，而是举出一些大家能够耳熟能详的事例加以说明。

阳明在与徐爱的谈话中，又是怎样具体运用这些方法的呢？

他要么利用徐爱提问时就举出比较具体的生活案例，来说明他的"心即理"命题。如徐爱在接触了阳明的"心即理"命题之后，他仍然不能完全摆脱朱熹的影响，认为至善如果只向心中求取，恐怕并不能穷尽天下所有的事理。阳明再一次阐明自己"心即理"的观点。但这种单纯的理论说教对于听讲人来讲显得比较干瘪，没有说服力。在这里，徐爱举出了一个例子，他说像侍奉父亲所需要的孝、事君所需要的忠、与朋友交往所需要的诚信、治理民众所需要的仁这些具体的事物，它们也包含了很多事理，应该也是我们求取的方向。阳明这里就顺水推舟，认为这种说法蒙蔽世人太久了，不是一两句话就能使人们清醒的。现在呢我仅就你的问题来谈一谈。这样就避开了单就"心即理"这一命题作抽象的演绎和说明，而是以侍父、事君等具体实例来驳斥了朱熹的言论，以说服徐爱，同时也再一次表明了自己"心即理"的立场。这是阳明顺水推舟使用借喻法的一种。

另一种具体运用，就是以单纯的谈理论可能大家还是不能理解为由，而主动提出一个生活中的例子来加以说明。例如阳明和郑朝朔的一段对话。郑朝朔提出了和徐爱同样的问题，至善是否需要从外在事物上求取？阳明当然还是利用他的"心即理"命题，作出了否定的回答。认为心纯为天理就是至善，也就是说至善本来就是心的本源，根本不需向外求取。这是阳明的基本理论，如何说服郑朝朔呢，阳明在这里主动采取了借喻的方式，他说你举几个具体的例子，我来给你说明一下。郑朝朔的实例还是如何侍父那一套，当然阳明对他的回答和对徐爱的回答也就大同小异了。

不管是出于被动式的顺水推舟，还是主动式的提出要求，阳明对于借喻方法的运用是比较频繁的。特别是在阐述他"心即理"命题时，往往都是使用了侍父、事君的实例，通篇读完有关阳明和徐爱、郑朝朔的对话，我们甚至可能会产生整篇不是在介绍"心即理"命题的理论内涵，而是在介绍如何侍父、如何事君这些较为具体的现实操作的印象。其实这也是阳明在具体论述中广泛使用借喻方法的一个后果。

正如我们前面所说的，决定阳明采取借喻方式来阐述自己理论的原因，有可能是相比较于西方而言，东方人比较擅长形象思维。因此，在说明自己的理论时，往往举出实例来进行说明，这可能是一个原因。但细究阳明和徐爱、郑朝朔等人对话的原委，可能也并没那么简单，在这里，阳明又使用了错位的方式。

何谓错位？直白一点讲，就是答非所问。当然，这里的答非所问并不是简单武断地对问题予以回避，而是采取逻辑上默认、概念上偷换，让对话者察觉不到回答者已经改变了问题的重点和方向。

徐爱曾表达过听了阳明"心即理"的命题之后已经有所醒悟，但仍然觉得以前受朱熹影响的认识还是不能完全去除，很多现象按照阳明"心即理"的命题不能完全解释得通，像侍奉父亲，还有许多独立于心外的嘘寒问暖的具体事情要做，而不能仅仅以向心求取侍奉父亲的道理来代替这些实际操作。阳明说了，这些具体事情当然要去做，但要明白有个根本。这个根本就是这些侍奉父亲所需要的素质都蕴含在你的心中，你只要保有你心的这种本来的状态，运用到侍奉父亲上就自然知道嘘寒问暖了。

表面看起来阳明的这段话没有问题，其实不然。

徐爱所问的是一些具体的实例，而阳明所回答的是一些本体论意义上的状态。也就是说，阳明是针对事物的本来状态该如何如何，而徐爱问的则是这种本来状态在现实中出现了和理论不一样的状况。看来阳明就是在答非所问，他的回答和徐爱的回答并没有形成正面的交锋。

从这一问题的逻辑上来看，徐爱提到的疑惑是，即便如阳明所说的理是心的本来状态，但这也并不能说明天下事理都在心中。大致来看，徐爱问题的重心是在后半部分，即世间存在着许多事理并不在心中的具体表现。而阳明则只回答了徐爱已经肯定的部分，对于徐爱的疑问，即天下事理并不都在心中这一事实及其表现则采取了回避的态度。某种程度上来讲，阳明在回答徐爱的问题时，采取了偷换概念的方法，从而在整体上表现出答非所问的特点。

此为错位。

何为反问？

首先我们来看一下这一方法运用的背景。徐爱在获知了阳明"心即理"命题的基本命题后，还是受朱子学说的困扰，认为至善只向心上求取，恐怕还不能掌握天下的很多事理。阳明在这里采取了断然否定的态度，指出心就是理，事理具于心中。紧接着以一种反问的语气提出，天下有处于心外的事和理吗？

其实阳明采取反问的语气，提出天下有处于心外的事和理吗？就这一句话的实质内容而言，强调的无非还是心就是理这一观点。如果从逻辑上来看，或者说从说服别人的角度而言，它还不如借喻和错位的方法更有效，起码前两种方法对于徐爱等人的提问有所回答，尽管它也存在着偷换概念的事实。

但如果从表明自己观点的决绝和鲜明度上来看，这一反问的形式要比心就是理这一平铺直叙的形式要更有震撼力，也更发人深省。因为从句式上来看，心就是理，说明的是心和理的对等的松散关系，我们可以把它理解为理包含心，心是理的一部分，这和阳明所强调的心和理是严格的对等关系是有所出入的。天下有处于心外的事和理吗？其实表达的意思就是天下没有处于心外的理。那这里就杜绝了理包含心这种理论可能，强调的是心和理严格对等的关系，甚至会表达出心包含理的这种理论倾向。

人们也可能会问，如果表达出你上面所说的心包含理这一层意思，那和阳明强调的心和理的严格对等这样的本意也是有出入的呀。这一点我们也可以作一番解释。在阳明心学的理论体系中，正如我们前面所说，心具有知觉、世界本源、道德评判等层面的意思。也就是说，在阳明心学体系的构建过程中，心是一个非常重要的核心观念，它在很多场合所扮演的角色就是程朱理学家那里的理。既然如此，阳明把心的地位适当拔高一些，即使有超出程朱理学对理的内涵的界定也是情理之中的事。

这里，我们不能把阳明的这种做法看作过犹不及或言过其实，而更应该视为极而言之。也就是为了强调某一种观点，我们可以适当地放大或夸张一些。虽然这在强调中庸的古代文化中从理论上来讲是遭到摈弃和不屑的，但是在现实层面这种方法的运用则是非常普遍的。

总体来看，阳明对于其"心即理"命题的运用，给我们留下印象比较深刻的就是借喻、错位和反问等方法，特别是把这些方法置于西方逻辑特点的对立面来看的话，这些特点显得更为突出。

但这里我们需要强调一点，我们总结、发掘，甚至是"揭露"出阳明种种语言表达技巧的本意，并不是为了抨击和贬低阳明及其学说的地位，而是让我们更深入地理解阳明学说的内涵，以及更清醒地认识到学术的多元性。还是那句老话，批判是为了更好地继承。固然，阳明为了阐述自己观点，采取了种种外在的技巧，但这些技巧的采取是必然的，也是非常有价值的。它在进一步凸显和强调了阳明观点的同时，也在逻辑上进行了一定程度的疏导。就对其观点的表达而言，要比采取简单说教深刻得多。至于和西方那种逻辑思维能力不尽一致的地方，我们也得看清这一事情的实质。一是西方注重逻辑的层层推演，其中也存在着很多理论预设或假设，它同样也强调各种外在的技巧。另外，我们现代人使用西方那一套来考量阳明是不公平的。固然，随着西学东渐，我们现代人受西方的思维影响至深也是必然的，但出现的后果同样也是非常严重的，即价值观上唯西方是取，它往往代表的是一种话语霸权，尽管我们的国家早已摆脱西方殖民统治而独立。我们认为，西方的那一套不能照抄，也没有能力照抄；中国传统的东西已被打倒，虽力图恢复，但有些事情是一去不复返的，也恢复不了。在这样纠结的情况下，我们与其争论孰是孰非、孰优孰劣，倒不如放宽我们的眼界、开阔我们的心胸，批判地予以继承，取长补短。其实阳明又何尝不是如此做的？

# 六
# 正面阐释与现实妥协

阳明的"心即理"命题，面对徐爱等人的疑问和一再追问，他固然在很多时候在进行说教，有些地方甚至是比较武断和不容置疑的；有的时候又耍了种种机巧，如借喻、错位和反问等形式，看起来不是那么诚实。但也并不是完全回避这一问题，他也有正面阐释。

关于他的正面阐释，这又涉及宋明理学家一个老生常谈的话题，即理与欲的问题。

按照我们的理解，阳明强调心就是理，心的本体是理。人人都有此心，那么应该也是人人都有此理。按照这种理论构建，人心具有这么好的素质，为什么又出现了人欲这一在宋明理学家话语体系中所极力排挤的事物呢？为什么在现实社会中又出现那么多的人欲干扰天理的事情，如光说不练、知而不行呢？这些都是阳明在提出"心即理"命题后所需要面对的问题。

看起来，我们这里提到的阳明"心即理"命题所面临的窘境主要停留在实践方面，其实不然，这种实践方面的窘境，其根本归结点仍然在本体论上。如果阳明不解决好本体论上的问题，他的这一理论是站不住脚的。下面我们就看一下阳明理论下的理和欲。

关于理、欲关系，阳明和朱熹的观点有相同也有不同。

相同之处，阳明继承了大部分宋代学者的观点，他是把天理和人欲对立起来的，认为人欲有碍于天理的发挥，发挥天理的过程就是克服人欲的过程，两者是非此即彼的关系。

不同之处是，朱熹虽然也肯定人欲的正当性，是天理所固有的，是包含在天理之内的，但他的这种肯定是有限度的，这个限度就是公、私之别。如果人欲是为公，那就是正当的，是天理本应有的内容；如果人欲超出了维持人的生命的正常需求，那就是非法的，这样的欲望是与天理相对立的。而在各种社会实践过程中，这种现象是比比皆是的。况且，在朱熹分心与理为二的观念下，心往往和人欲是比较相近的。因此，从总体上来讲，朱熹的理欲观表现出天理应对人欲的绝对占领和取得压倒性的优势，我们得出朱熹是天理和人欲对立观的代表者应该不是特别困难的。

相比较于以朱熹为代表的宋儒的天理、人欲对立论，阳明一方面承袭了这一观点，也主张天理和人欲的对立；另一方面，与朱熹"分心与理为二"，在一定程度上视"心"为人欲，同时又在一定限度内承认人欲的合理性不同，阳明认为"心即理"，不过这个等同于天理的"心"也是有预设条件的，那就是"没有被人欲遮蔽或迷惑的"。

在阳明回答徐爱之问时，他终于对"心即理"这一命题作了一次正面的解说，即如果心没有人欲的遮蔽或迷惑，就是天理。这里，阳明除了一如既往地表达了"心即理"这一命题外，有一点需要我们特别注意，就是他在心和天理之间加了一个限定词——"没有被人欲遮蔽或迷惑的"。也就是说，阳明在这里对其"心即理"的命题也不是那么肯定，它也是有条件的。这和我们前面所理解的阳明"心即理"命题的内涵就是心与理的严格对等是有所出入的。如果单从理论上来理解，心具有知觉、支配、世界本源以及道德评判的性质，那我们据此推测作为万物之一的人欲是包含在心中的应该不为过。再以心就是理命题为媒介，那也肯定了人欲在某种程度上来讲也是天理。在这里，我们想申明的一点是，这里的逻辑推理并不是我们的臆想和诡辩，它是有根据和历史渊源的。人欲在宋明理学家那里并不都是一无是处，也并不总是处于老鼠过街、人人喊打的境地。张载、朱熹等人的有限度的承认暂且不提，宋儒中肯定人欲合理性的还有胡宏、吕祖谦和魏了翁等人。而在阳明以"心即理"命题所创立的心学派别中，心学后学当中的左派就是肯定人欲的地位的，这一理论也潜在地为他们生活中的放荡不羁提供了有力的理论支撑，而后人对于王学泯灭人伦的批评，不也是针对其无限肯定人欲的后果而发的吗？所以说，阳明"心即理"是包含这一层意思的。但现实却是阳明在具体运用中，他对其"心即理"这一命题是有所保留的，按照前面我们所讲的他的那个加限定词的阐释，人欲在阳明"心即理"的命题中是没有位置的。这里就又出现了另一个问题，理论和实践的问题。

在具体实践方面，阳明也清楚如果严格按照他"心即理"的命题加以实践，他会面临着巨大的压力，他在很多场合都说过自己的学说不被理解，包括追随他的学生，如徐爱和郑朝朔的疑问很有代表性，都是这种认识的体现。因此，他为了更好地建立和传播自己学说，面临着现实的压力，他做了一定程度的妥协。

一个学说的产生是一个非常繁富的工作。就大的方面讲，它必须有所创新，也就是说它有不同于以往学说，可以安身立命的东西，按照现代时髦的话来讲，就是要创新。如果没有创新，那你的学说是得不到别人注意和认可的，即使你利用各种外在的势力强立门派，那历史的长河也会把你冲刷到另一门派的支流下面，甚至会把你完全湮没。另外，这种创新又必须是在继承的基础上的创新。因为脱离了继承，你的理论也就失去了对立的目标，这在很大程度上会极度压缩学说的内涵和价值，也就是说，你是为何而发，有何创新，有何价值？这都需要外在的另一个学说作为参考。更为重要的是，在你的学说传播阶段，因为前一个学说已经风行已久，在社会主流方面已经占据了支配地位，它普及了相关知识，并且影响到一代人甚至几代人的思维方式，如果你想让你的学说传播开来，你就必须使你的学说要适应这些人既已形成的知识体系和思维方式，要和受前一学说影响、既已形成的学说的思维方式和知识体系形成对接。唯有此，才能更有利于新的学说的传播。即马克思所说的"死者捉住活者"。而在这种对接中，不可避免地要在某些方面修正原有的理论。

阳明的修正就是继承了朱熹等人的天理和人欲的对立学说，同样认为人欲的发展会阻碍天理发生作用。当然，阳明的这一修正也有面临着把所有问题的解决都归结为心的现实窘境。如果在这样的理论下，我们就很好理解徐爱所说的现实当中出现的知行为什么不一的情况了。因为心的原发状态是好的，只不过被私欲给蒙蔽了，所以出现了许多不好的现象。

但我们同样也应清醒地认识到阳明的天理和人欲对立的学说是附着于"心即理"的总体命题的，不然的话，也就和朱熹没有什么不同了。

阳明把天理和私欲对立起来，说明他注意到了私欲的存在。同时，认为这一私欲就在心中，只不过属于心的"已发"状态。也就是说，心中出现私欲是因为心已经脱离了它的本来的、自然的状态，即"未发"。不管"已发"、"未发"都属于心的层次，这一点就和阳明把心看作是知觉、支配、本源和道德评判的标准是一致的，突出了心的本源性和支配性，这是他"心即理"命题的应有之义。

那又如何克服私欲对理的戕害呢？也就是说如何"去人欲"呢？阳明基于私欲缘出心中，因此他提出了一个直指本心的实践方法。他的思路是这样的，既然只要"已发"，人的本心必然要受到外界的干扰和影响，就会出现人欲，那我们干脆不让心"已发"就好了，理想的状态就是保留它的"未发"状态。但这谈何容易，由于人心的主导地位，只要人和外界接触，有所动作，都需要心的参与和作用，它的"已发"是必然的。

既然"未发"只是一种理想状态，现实中很少出现，那我们就权且把其看作一个理想标准，只要心一有所动静，或者说只要一进入"已发"状态，我们要在脑中时刻绷紧"未发"标准的这根弦，正如阳明所说的要从一念发动处就克去私欲，即其所谓"拔本塞源"论。

好了，我们来总结一下。阳明提出"心即理"这一命题之后，他所强调的是心的支配、知觉、本源和道德评判的作用，强调心是衡量现实的唯一标准。这就使他的理论面临着与朱熹学说和在实践过程中与现实有所出入的压力，因此，他在一些场合修正了他的观点，即心和理的对等是有条件的。这个观点提出之后，又出现了这一观点与他在更多场合所提出的心和理的严格对等，也就是心就是理的内涵有所出入，因此，他又开始往回找补。表现就是继承宋儒所说的天理与人欲的对立，这就很好地缓解了朱熹学说和"心即理"命题在实践过程中与现实有所出入的压力；在解决心和理的有条件和无条件的问题上，他又利用宋明理学既有的"未发"和"已发"概念，提出人欲是在心中，但是在心的"已发"中出现的，解决的方法就是保持"未发"或向其靠拢，也就是他所说的"拔本塞源"。总之，都是把一切问题的解决归结为心，在这里，又缝合了心和理的有条件对等与心即理的理论裂缝。

从以上的论述中，我们可以看出"心即理"在阳明的心学体系中具有首出的位置，它构成了心学系统得以展开的基础，是阳明的核心命题之一。同时，这一命题的另一个意义是标志着他逐渐摆脱了朱熹学说的牵绊，自立门户。

自是之后，朱熹自是朱熹，阳明自是阳明。

第三讲
阳明的"格物"说
——困惑与超越

此心光明——评说王阳明与《传习录》

还是老办法，先来看一下"格物"的基本含义。它是古代，特别是宋明理学家比较关注的一个认识论命题。它往往和"致知"联系在一起，表达的意思就是通过观察和研究事物而获得事理或道理。

与宋明理学家对心和理的关注一样，这也是他们一个老生常谈的话题，但各说各异，言人人殊。对于大多数理学家如程朱一派而言，一个基本认识就是格物是成为圣贤的方法和途径。因为要想成为圣贤，就必须掌握超出一般事物之上的理，只有这样才能在日常生活中应付各种复杂的情势，这才是圣人的形象。而理又怎么获得呢？那就是从事物上求得，就是理要从各种具体事物当中总结出来。这也就是圣贤和格物的内在逻辑联系。

纵观阳明的一生，在很多场合我们都可以看到有关格物的印迹。阳明提出"心即理"这一具有本体论意义上的命题后，标志着心学开始确立起来。但反观这一本体论建立的前提是阳明在"格物"时，这一认识论上的失败而引起的。而正是由于这种失败对阳明来说刻骨铭心，因此在他确立了"心即理"的基本心学命题后，他首先迫不及待要解决和清算的，就是那困扰了他许久的"格物致知"说，从而完成了对传统理学认识论的超越。

要了解阳明的"格物"说，那我们先从阳明那一段不堪回首而又颇有收获的格物经历说起。

# 一

# 那一段不堪回首而又收获颇丰的格物经历

说到阳明那一段不堪回首而又颇有收获的格物经历，又要从少年阳明同蒙学老师的一场不同寻常的对话谈起。

据《阳明年谱》记载，这一年，为明宪宗成化十九年，西历1476年，阳明12岁，跟随在京师做官的父亲居住。也就是在这一年阳明才进入学校开始系统学习四书五经。上学有点晚。

有一天他问蒙学老师什么是天下第一等事，或者说人生第一义是什么。当然蒙学老师非常坦诚但也非常世俗地回答了天下第一等事就是科考中第。阳明对此保持怀疑，认为天下第一等事不是科考中第，而是读书成为圣贤。当然，这也招来了一直对他言行很不放心的父亲的饱含深意的一笑。

这里有一点需要说明，即阳明父亲的笑，我们该如何理解？我们觉得这里的笑所包含的意思是有对儿子抱负远大的宽慰，但也有对阳明少不更事的讥笑，而且我们觉得后一点的成分可能更多一些。其实，自阳明入学初始，他的父亲王华就一直担心他狂放不羁的性格，这一点上，反而是阳明的爷爷王伦对阳明的这一性格特点比较欣赏。因为他曾亲自见证过阳明的非凡之处，即到了五岁还不能说话，一日经一僧人点破之后，竟然会说话并且说话内容就是王伦曾经读过的书。不管《年谱》的记载是否属实，是否有虚构的成分，但都说明这就是所谓的隔代亲。其实，即使没有见证阳明这一段传奇式的经历，孙子和爷爷的隔代亲也有它的道理。因为爷爷在对待孙子时，只有疼爱和欣赏，至于如何教育孙子在现实中的生存和发展，那是做父亲的责任。所以在有关阳明的记载中，一直出现着慈爷严父的场景，特别是严父。

王华在阳明的人生中都是以呵斥阳明的形象而登场的。这算一次，后来的为平定叛乱想向朝廷建议又是一次。

其实，作为父亲的王华，他的担心也不是多余。这里又涉及阳明与蒙学老师的这段对话究竟怎么"不同寻常"了？

我们可能会认为，阳明无非也就表达了他读书不是为了升官发财，而是成为圣贤，成为引领时代风尚的导师的愿望。谁还没有个理想？我们在孩童时哪个没做过梦，哪个不是把科学家、飞行员、宇航员、战斗英雄、生产能手、雷锋等模范人物作为我们奋斗的目标的，至于招惹父亲大人那么大的反应吗？其实，我们的这些疑问也都是合理的。但对于阳明父亲的担心我们切不可以局外人的立场来理解，知子莫如父，作为父亲的王华非常清楚他儿子的秉性，他绝不能把儿子的这些话作为孩童时代的痴语，他会去做的。圣贤真是那么好做的？没有一番苦其心志、劳其筋骨、饿其体肤、空乏其身的艰苦历练，是万万做不到的。这就是一个父亲的担心所在。

想想也是，看看我们现在的职业与我们当时树立的众多理想的差距有多大吧。而阳明就是阳明，他做到了，成为圣贤了。反过头来再看阳明与蒙学老师的那段对话，我们就不会嘲笑阳明上学有多晚了，而是应该钦佩他小小年龄就找到了自己的人生目标，而且是发自肺腑的，不是附和时尚的跟风。

但话说回来，正如我们上面所说，也是王华担心的，圣贤哪那么好做。而此后阳明的遭际也进一步印证了父亲的担心。

阳明在表达了成为圣贤的愿望之后，很长一段时间都是只充满了热情，并未找到成为圣贤的具体办法。

15岁时，阳明出游居庸三关，凭着一腔热血，他又想把成为圣贤的想法落实到镇守边关，经略四方的志向上，并且很是下了一番功夫。此时的阳明，不仅作了实地调查，打听胡人的种类和关系，还探知一些抵御胡人的策略，而且还做了一些尝试，如追逐胡人并且放箭。至于是否像《年谱》上所说的由于他的这些表现，出现了胡人不敢侵犯边境的效果，那是另当别论了，反正花费的时间不短也不长，一个来月。这之后，阳明又梦到自己拜谒汉朝伏波将军马援的庙宇并获赠诗文，这更是坚定了他经略四方的志向。这时正好有石英、王勇以及石和尚、刘千斤等人为乱，阳明多次想向朝廷上平定之策，都被他的父亲给喝止了。阳明经略四方的志向就此告了一个段落。

17岁时，阳明又做了一件出格的事。这一年，他在洪都娶了媳妇。婚礼当天，他闲逛进入了铁柱宫，看到一个道士正在打坐静养，随即向道士讨教养生之道，竟忘记了回家洞房花烛夜，次日早晨才回家。

无所事事的日子总是过得很快。在阳明真正找到成为圣贤的途径前，他的日子也就是观观景，练练字。据说他岳父官署中的几筐纸都是这样被他用完的。结果是书法大进的同时，也使得他悟出了练字即练心这样超前的道理。说其超前，按照我们对他"心即理"命题的理解，这更应该是他在提出"心即理"命题后才会具备的理论素养。《年谱》作者也说他在后来建立自己的学说后，在与人讨论格物时，也多引用他练字的经历来说明他的不同于以往的理论，总体来讲这对阳明来说是一个意外收获。

18岁，阳明带夫人回老家余姚，也就是在这一年，《年谱》记载他才开始真正向慕圣学。非常有深意的是，《年谱》记载完他开始向慕圣学之后，紧接着就记载他向当时大儒娄谅请教"格物"

之学。也就是说，阳明至此才真正把自己成为圣贤的愿望落实到实处，找到了成为圣贤的具体方法，那就是格物。也正如娄谅对他的鼓励，通过学习宋儒的格物之学，那肯定会成为圣人。

阳明记住了这一教诲和鼓励，但他怎么也不会想到，这看似找到了成为圣贤的途径，却会给他带来更大的困扰。

其后的几年，无非显示的也就是他读书的用功、狂放性格的改善以及中举时的神奇。

直到21岁时，他又才把自己从娄谅那里获得成为圣贤的格物途径落实下来，大量搜集和读遍了朱熹的书籍。有一天在阅读时，突然看到这样一句话：各种事物都具有表、里、精、粗，即使是一草一木，也都包含着至理。哦，理包含在一草一木中，哪里有一草一木？阳明把视线从书本上抬了起来，正好看到官署中满院的竹子，随即对竹沉思，希望得出他需要的理。阳明很有恒心，连续七天七夜，面竹格理，结果理没获得，反而落下了一身病。这时，阳明仍然对宋儒的"格物"说没有怀疑，他把通过格竹没有获得理的失败归结为精力不够，也就是说，七天七夜是远远不够的。看来，阳明对成为圣贤所必须经历的劳其筋骨、饿其体肤这些对身体的客观的戕害还是有心理准备的。

格竹上的失败，也使得阳明成为圣贤的步伐缓了下来。其后的几年随波逐流，开始学习舞文弄墨，而且又回到了进行格竹之前的生活状态，又凭着一腔热情把成为圣贤的理想寄托于学学兵法，养养生上，日子过得很平淡。

要说期间发生的重要事情，也有一些。一是阳明明白了舞文弄墨冲淡不了他成为圣贤的抱负，于是不死心，在他27岁，仍在京师逗留，他又按照朱熹所提供的循序渐进的方法读书，结果弄得旧病复发，不得不靠养生来缓解身体和心理上的病痛，这一次的失败再次让阳明看到了朱熹学说并不适合自己，解决不了他的问题；二是在他28岁时，考中了进士。考中进士的一段时间，阳明也把成为圣贤的愿望寄托在好好做官，做一个好官上，确实，也取得了一定的成绩。但他没想到的是，正是官场所受到的严重挫折，才使得他经历了苦其心志、空乏其身这些对精神和身体的双重折磨，最终为其完成破茧成蝶、凤凰涅槃式的学术重生埋下了伏笔。

然而此景不长，在一次上流社会举办的文学茶座上，阳明又看到了自己的现实生活状态是对他成为圣贤人生理想的一种背叛，意识到不能把有限的生命浪费在作无限的虚文中，因此向朝廷告病归家。由于一时也没有好的过活方式，阳明又捡起了老本行，练练养生术。据说还小有成就，能预知未来。

期间还出入于佛老。在追随佛老时，看到佛老的耗费精力、泯灭人性的弊端，又想出来为官。总之，各种反复和纠结，是阳明这一时期生活的另一写照。

阳明第二次出山为官时，面临的形势更加复杂。这时太监刘瑾当权，戴铣、薄彦徽上言奏了刘瑾一本，其结果可想而知，被打入大牢。阳明上疏救戴铣和薄彦徽，并且拐弯抹角地骂当朝皇上，结果自然是可想而知，也被逮入狱，并被当朝打了40大板，死去活来，最后被发配到贵州偏远的龙场这个地方去做驿丞，也就是政府招待所所长。

去做所长的路上也不安宁，因为他得罪的是当朝权奸刘瑾，刘瑾何人？这是一个身体残疾、心理变态、心狭气窄的人。他秘密派人跟踪阳明，打算在半路下手，处心积虑地要除掉这么一个与自己作对的人。后来阳明使了金蝉脱壳的计谋，造成一个无路可走、投钱塘江而死的假象才得以脱身。

脱身之后又能怎样？同样是无处可去，只有龙场。

正如我们前面所言，在龙场，面临着恶劣的生存环境和苦闷的心境，反而激发了阳明成为圣贤的豪情。终于摸索到了适合自己的格物之路，成为圣贤的道路，即圣人所谓、所行的道，我的本性本来就已经具备。以往按照朱熹等人的说法，向外在各种事物上求取的方法是错误的。这就是说，阳明不仅反省并推翻了朱熹的向外求取至理的格物方法，而且提出了自己对于"格物"说的新解，即向内求得本心，从而建立了自己的认识论体系。

这就是具有阳明特色的格物之学提出的过程，结果是值得庆贺的，过程是异常曲折的。

## 二
## 由《大学》古本公案
## 引起的一段格物之争

　　我们先来了解一下《大学》这篇文献在儒家学说特别是宋明理学史上的地位。《大学》是一部把个人修养和治国平天下紧密联系在一起的儒家经典，为古代士人在现实社会中的活动提供了理想的轨迹和人生规划，因此受到世人的特别关注。它原是《小戴礼记》当中的第42篇，由于它的重要性和价值，北宋时期经过宋代理学家的表彰，从《礼记》中剥离出来，和《中庸》、《论语》、《孟子》并称为"四书"。宋、元以后，随着理学影响的深入，《大学》也成为学校官定的教科书和科举考试的必读书，从而使得此书在更广大的范围内流通开来，对古代教育产生了极大的影响。

　　具体来讲，《大学》的内容大致上我们可以把它分为两个部分，一部分提出了儒家修养论或治理国家上的三个目标，即所谓"三纲领"，就是"明明德"、"亲民"和"止于至善"。"明明德"，通俗一点来讲就是发扬光明正德的品格和特点。其中，前一个"明"字是动词，发扬、提倡、发挥的意思，后一个"明"字是形容词，光明正大、积极的意思，"德"为名词，品德、性格、特点的意思。"亲民"，作新民来解，即不但要自己明德，还要推己及人，用这种德性去使民众自新，发明本然的德性。"止于至善"，就是指达到最完美的境界，在道德修养论上就是达到最善的境界。这是儒家经典《大学》在人性修养论或治理国家上提出的几点目标。同时，第一部分还包括达到这些目标所需要的一些具体方法，即所谓"八条目"，就是"格物"、"致知"、"诚意"、"正心"、"修身"、"齐家"、"治国"、"平天下"等八项原则。其中前四项主要是针对为了提升个人修养所应该采用的方法，中间以"修身"作为过渡，把这种在个人修养上所使用的方法和取得的成果过渡到治理国家的层面。

《大学》的另一个部分主要是指对第一部分所提出的目标及其方法的解释。在大多数儒者的眼中，《大学》的第一部分就是"经"，另一部分就是地位稍逊一筹的"传"，其中朱熹就是这么看待的。

宋明学者研习的《大学》，为汉唐古本。在对《大学》内容的理解上，宋明学者们多有质疑，认为其中有脱文和错简情况。而这段涉及文本问题的公案，却引起了关于"格物"之义的纷争。

我们知道，对于历代儒者而言，由于"经"在儒家谱系中的至高无上的地位，它是碰不得，只能就它所表达的内容进行一定引申和演绎，正面提出对它的批评在儒者当中是很少见的。不过儒者的异议和疑问，也是需要直接面对的，因为不解决这些儒者的疑问，他们有可能会对儒家学说产生质疑，从而影响儒学的传播和社会价值的体现，比较严重的后果也会出现儒者改换门庭，去信奉道家、佛教的学说，站在儒学的对立面。那该如何安置儒者的疑问呢？或者说儒者的疑问该到何处发泄呢？那就是后世儒家学者为儒家"经"所作的"传"，成为儒者安置疑问和发泄疑问的场所或载体。具体到儒家学者对《大学》的质疑，也主要借助了我们前面所说的《大学》的第二部分，即"传"这一部分。朱熹就比较典型。

朱熹在研究"传"这一部分时，就发现了两个问题：一是关于

"传"文对"经"文的逐条解释部分有缺失，如没有对经文"致知在格物"、"物格而后知至"的解释；另一个问题是"传"的解释顺序也有颠倒的地方，如将"正心在诚意"放在传文的开端等。

朱熹认为出现这两个问题的原因就是文献在传播过程中经常出现的毛病，即"错简"和"阙文"。"正心在诚意"出现在传文开端，这样的错误属于"错简"；传文当中没有出现对于"致知在格物"、"物格而后知至"的解释，这样的错误属于"阙文"。"阙文"比较好理解，就是文献在传播过程中，特别是古代文献，在印刷术和装订技术方面相对来说都比较落后，很可能出现缺文少页的现象，这种现象就是文献学意义上的"阙文"，在这里，"阙"和"缺"是相通的。"错简"其实也是古代文献由于印刷术和装订技术相对比较落后的情况下容易出现的，就是在流传过程中，原始经典的内容并没有丢失，而是因为各种原因，如装订成册时的马虎、再版时的有意或无意的颠倒位置等等，出现了内容排列顺序与原始经典顺序不一致的情况，我们一般称其为"错简"。

但这里我们还有一点需要注意，就是朱熹所生活的年代，纸张早已经普及，为什么还称作"简"呢？这是借助于在纸张出现之前，文字的载体主要是竹简，而在用竹简作为书写材料时，这样的错误是非常容易出现的。因为各个竹简是用各种材质的绳子串联起来的，绳子一断，竹简就乱作一团了，分不清先后顺序了。我们比较熟知的有关孔子读书非常用功的典故"韦编三绝"，就是说明这一情况的。鉴于顺序颠倒的错误在用竹简作为书写材料的时候是出现非常频繁的一种现象，因此，在纸张被广泛用来作为书写材料以后，出现顺序颠倒的情况时，也一般称其为"错简"。

出于以上的考虑，朱熹在他对《大学》的研究性和解释性著作《大学章句》中，就主要做了两方面工作。一是依据《大学》经文"致知在格物"、"物格而后知至"这两句话，补撰了传文"格物致知"章，以使传文的意思得以连贯；二是把他认为顺序颠倒的内容按照他认为正确的顺序给更正过来，而将对"诚意正心"的解释置于"格物致知"之后。

这就是朱熹从文献学方面对《大学》所作的研究。这里，我们可能会产生两点疑惑：一是为什么朱熹会花费那么大的精力来研究《大学》？一是为什么朱熹就认为古本《大学》存在着"错简"和"阙文"？

关于前一个疑惑，我们可以这么来看待。也正如我们上面所说的《大学》当中主要记载了儒家学者的修养论和治理国家的三个目标以及达到这些目标的具体方法，整体上属于儒家工夫论的范畴。对于《大学》的关注，理清《大学》当中记载的诸多范畴之间的关系，对于形成自己学派的儒学工夫论具有非常重要的作用。正因此，《大学》进入了朱熹的研究视野。

为什么朱熹就认为古本《大学》存在"错简"和"阙文"呢？我们觉得这个问题从文献学上讨论意义不大，我们的主要着眼点还得放在朱熹的理学学说的内涵上。在朱熹理学体系下，他是把理与心分开并对立的，理是外在的客体，心是内在的主体。心获得理，或者说心具备理的素质的过程就是不断求索的过程，由于理附着于世间的万事万物上，因此，要想获得理，就必须向外在的物上索求和探索。而《大学》古本传文部分则把"诚意"放在了首位，这就突出了"诚意"的作用，诚意是什么？诚意带来的必然后果就是心正，这就使得人们对理的求索落实到心的正与不正上面了，这和朱熹把理与心分开并对立的基本立场是针锋对立的。因此，他主张对于诚意的解释不应放在传文的开端。

朱熹认为《大学》古本传文部分没有对"致知在格物"、"物格而后知至"作出解释，这正忽略了问题的关键所在。道理很简单，朱熹的学说是把对理的探求或掌握归结点放在格物上的，如果没有"格物致知"传文的过渡，人们很容易把对理的探求和掌握归结为诚意上，也就凸显心在获取理这一认识过程中的作用。某种程度上会出现心与理合二为一的理论倾向，甚至是心统摄理的含义。因此，朱熹在作《大学章句》中的另一大任务就是补上对"格物致知"的解释。

朱熹的担心不是多余的，阳明就这样做了。他即以复归《大学》古本来反对朱熹所改编的"新本"。在阳明看来，《大学》古本是没有问题的，它没有"阙文"，也没有"错简"。朱熹所谓的"阙文"和"错简"都是不存在的，阅读《大学》古本是没有任何阅读障碍的。

为什么阳明会有这样的观点呢？我们认为也同样需要从阳明心学的理论内涵来看待这一问题。在阳明的心学体系中，心和理是严格对等的关系，心就是理，心是万物的根源。既然心是万物的根源，心就是理，那么对于理的探求就应该从心上来进行探索，而不是执着于比较具体的万事万物。虽然《大学》古本没有明确说明心的本源性，但把与心联系比较紧密的意放在传文的首要位置，这本身就突出了心的作用。这一点是朱熹极力反对，也是阳明极力赞成的。

为什么阳明又说《大学》古本没有"阙文"呢？其实我们的解释也无非就是把朱熹的担心反过来说一下。朱熹补入"格物致知"章，目的就是为了表达他要想获的理，必须把我们的认知落实到具体的事物上，从具体的万事万物中去总结、去求索具有普遍意义的理，这也就是所谓"格物"。阳明强调心的本源性，甚至心是理的来源，获得理应从心上求索，那朱熹补入这一章显然对阳明来说就不仅仅是画蛇添足的问题，而是根本上就是错误的。其实，阳明也并没有对格物采取决绝的排斥态度，但他所谓的格物已经和朱熹以及大多数儒家学者的"格物"说出入很大了，这是后话，暂且不表。

由此看来，朱熹和阳明的讨论都涉及了同一主题，即"格物"说，只不过观点截然不同。从表面上看来，朱熹和阳明对于

《大学》古本当中"格物"说的记载都从文献学的角度提出了自己的观点和做了一些考证工作，但这里的考证多是通过引用理论来进行的论证，而不是一些考实的东西。也就是说，对于《大学》古本内容，朱熹和阳明所展开的争论都是出于宣传自己理论的需要，而不是为了恢复或确定《大学》古文的本来面貌。也正是出于这样的别有用心，在朱熹和阳明两种不同的观点出现以后，并没有解决《大学》古本的史实或真伪问题，有关《大学》古本真伪的问题仍然作为一段公案持续下去，要说这段依附于《大学》古本公案所展开的争论有什么贡献，那就是朱熹和阳明借此分别表达了自己"格物"说的倾向。

其实，文献学方面的知识是非常枯燥的，同时又是非常重要的。因为我们所有理论的展开，或者说我们在论证我们理论的合理性时，必须要把我们的理论落实到实处。怎样落实到实处？大致有两条道：一是通过客观发生的事情来印证我们的理论；另一个就是利用原有的经典文献和经典说法来支撑我们的理论。而文献学就能为我们的第二条道提供资源。好像理论和文献一沾边，那就比较可靠了，也就比较合理了。

这不，我们的阳明关于他的格物理论的说明又玩起了说文解字。

# 三
## "格者，正也"

按照我们的理解，既然阳明认为朱熹向外在的事事物物求取理的方法是行不通的，要想成为圣贤，理还是必须要获得的，那理从哪里来啊？按照阳明的"心即理"命题，理就是心，我们也尽可以浅显地理解，理从心中来。如果朱熹的那种方法可以称为格物说，那阳明显然已淡化了外在的物在获得理的过程中的作用，而突出心的作用，为什么还说是阳明的"格物"说呢？为什么不称其为"格心"呢？

正如我们在本讲起初讲到的，格物在宋明理学家那里就是一种方法论，它在某种程度上就是圣贤之路的代名词，阳明要想建立和传播自己的学说，从宋明理学家既有的认知范畴出发，就是必需的。因此，阳明虽然也在一些场合用"格心"来代替宋儒的"格物"以指代他学说的方法论问题，但多数情况下还是沿用宋儒的"格物"这一名词的。

只不过阳明已经把宋儒笔下的"格物"含义给颠覆了。但有一点值得我们注意，阳明在进行具体颠覆工作时，并没有首先从"格物"这个动宾结构句式的中心字眼"物"字下手，而是首先从"格"字入手的。

阳明鲜明地提出"格者，正也"的观点。

中国文化源远流长，这绝对不是一句空话，小到一个汉字，几乎都有它们的历史，而且在不同时代，人们所赋予它的意义也是各不相同的；并且，它和不同的其他汉字搭配起来，也会产生不同的含义。因此，这些又使得中国文化源远流长的同时，内容也是丰富多彩和包罗万象。"格"字就是这么一个具有典型意义的文字。

要说"格"字含义的丰富，那还是和"物"联系在一起而产生的。它进入士人的视野，主要还是缘于《大学》的记载。

前已述及，《大学》经文当中记载有这么两句话："致知在格物"、"格物而后知至"。朱熹据此作传文"格物致知"章。大致意思正是我们前面所说的，即通过观察和研究事物而获得事理或道理。但这只是一种笼统的说法，各朝各代较真的学者大有人在，他们的解说也各不相同。

战国时期的儒家荀子将其解释为"假借"、"凭借"；东汉时期的郑玄将其解释为"来"；宋朝程颐把"格"和"物"连在一起解释为"穷理"；朱熹发展了程颐的这一观点，提出"欲致吾之知，在即物而穷其理"。意思就是说，如果想要获得或扩充我们的知识，那就要通过接触和研究事物来掌握其中所包含的事理。这和我们所说的大致意思是基本一致的。

我们再具体到朱熹的笔下，"格"字究竟有什么意思？

在朱熹的笔下，关于"格"字的训诂大致有两种倾向，一是具有"追究"、"推究"的意思，"格物"的意思就是探究事物。另一种倾向是"在"、"到"的意思，也就是朱熹所说的"即"、"至"，在这种训诂下，"格物致知"的意思就是要从事物中获得知识。其中后一种倾向的动词意味不强，介词的意味更强一些，它的完整意思的表达往往和"致知"联系在一起才能看出来。

但不管这两种倾向的哪一种，都是和朱熹强调分心和理为二的本体论相一致的。既然心和理是两个事物，心要想获得理，那就必须通过一定的媒介才能完成，这个媒介就是世界万物，小到一草一木，大到天理、人伦都是属于万物范围之内的，即朱熹在他的《朱子语类》中所说的"一物不穷，则缺了一道物理"。意思就是世间所有事物都要去格，不管是什么样的事物，只要不格，就说明你所获得的理就是有欠缺的，就不是终极真理。我们也知道，人的生命是有限的，而万物是无限的，这就使得朱熹的格物方法论不仅暴露出琐碎的特点，而且看起来比较具体，其实根本不可行。

于此，阳明针锋相对地提出了自己的见解。

关于阳明针对程朱对"格"字训诂的不同见解，个中原委在《传习录》卷中《答顾东桥书》一文中保留得比较完整，虽然很长，我们还是把它照录下来。

> "格"字之义，有以"至"字训者，如"格于文祖"、"有苗来格"，是以"至"训者也。然"格于文祖"，必纯孝诚敬，幽明之间，无一不得其理，而后谓之"格"。有苗之顽，实以文德诞敷而后格，则亦兼有"正"字之义在其间，未可专以"至"字尽之也。如"格其非心"、"大臣格君心之非"之类，是则一皆"正其不正以归于正"之义，而不可以"至"字为训矣。且《大学》"格物"之训，又安知其不以"正"字为训，而必以"至"字为义乎？如以"至"字为义者，必曰"穷至事物之理"，而后其说始通，是其用功之要，全在一"穷"字，用力之地，全在一"理"字也。若上去一"穷"，下去一"理"字，而直曰"致知在至物"，其可通乎？夫"穷理尽性"，圣人之成训，见于《系辞》者也。苟格物之说而果即穷理之义，则圣人何不直曰"致知在穷理"，而必为此转折不完之语，以启后世之弊邪？①

阳明首先指明了一种观点，即"格"字的意思，有的人把它解释为"至"。这里的"有……者"显然是指程朱理学家的。针对这一观点，阳明展开批评。

不过，阳明的批评并不是直接的，而是迂回的。他接着说，

①王阳明：《王阳明全集》卷2，《传习录》中，第47—48页。

像古代文献中的"格于文祖"、"有苗来格"，都可以解释为"至"。前一句意思就是到文祖的庙前去祭祀、感通；后一句的意思就是苗人的到来。在作了有限度的肯定之后，阳明笔法一转，提出了不尽相同的意见：然而，到文祖庙前祭祀，必须毕恭毕敬，通晓阴阳两界的理，然后我们才能称其为"格"。依照苗人的愚钝，必须先对其实施礼乐教化，然后才能使他们来归附，也就是才能使他们"格"。在这里，"格"有"至"、"来"的意思，但也包含着"正"的意思。从以上的话，我们可以看出，阳明在程朱理学家把"格"解释为"至"之外，又提出了"格"也有"正"的意思，即"纠正"、"校正"、"求证"、"指正"、"归正"等意思。

反过头，再来看"格于文祖"的意思，就是在文祖庙前祭祀，以求昭示或指正；"有苗来格"的意思就是苗人来归正或归附。这也解释得通，阳明的解释也是合理的。

接着阳明又趁热打铁，举出了几个具有"正"意的"格"字，如"格其非心"、"大臣格君心之非"的"格"，都是纠正的意思，这里就不能用"至"来解释了。也就是说，可以解释为"至"的"格"字同样可以解释为"正"，但解释为"正"的"格"字就不一定能用"至"字来解释，这可以看出用"正"来解释"格"字的普适性，它的应用前景要比解释为"至"宽广得多。

阳明并不满足于此，他的目的是为了纠正程朱理学家把《大学》中的"格"字解释为"至"的错误。在经过一定的铺垫之后，他就采用反问的语气，明确提出了自己的观点，即《大学》中的"格物"，你怎么知道就非得用"至"来解释，而不用"正"来解释呢？言下之意就是说，《大学》中的"格"字用"正"来解释更为合理。

接着，阳明直奔主题，认为把《大学》中的"格"字解释为"至"字是错误的。如果套用朱熹把"格"字解释为"至"的意思，我们就可以重新得出一句话："致知在至物"，这句话就语义不通了。

还有一点，"穷理"一词出自《易传》，"格物"一词出自《大学》，《易传》和《大学》都是出自圣人之手，为什么只出现"致知在格物"，而没有出现"致知在穷理"这一说法，这一说法还要你朱熹出来重新定义？由此看来，格物并不能等同于穷理，它也不是穷理的有效手段或方法。

很难得，擅长理论阐释和发挥的阳明会用语言学和文献学的知识来驳斥程朱的格物说。看来，不管是什么出身，掌握点语言学和文献学的知识都是基础，还是有用的。特别是文字工作者，这些方法的掌握起码会使你的理论表面看起来是建立在更为扎实的基础上的。

其实，阳明的话也不是无懈可击。

就拿他推导出的"致知在至物"这一语义不通的句子来看，我们可以把它理解为致知的方法就是要接触事物，到事物中去，再加上一些诸如"总结"、"归纳"之类的词，这句话也是说得通的。这里，我们要有一个基本常识，就是古文和现代语言不同，一个词的意蕴要比现代汉语中这个词的意蕴丰富得多，而且在很多时候它是存在很多内容预设的，很多典故的运用就是这种内容预设的表现。因此，我们在阅读古文时，切忌用现代汉语的句法去套用和理解。另外，也还要掌握一些典故，才能够很好地理解。其实，阳明何尝不是如此，例如在理解"有苗来格"时，他对"来"、"格"意蕴的解释，不也是借助了出自另一部儒家经典《论语》所记载的"远人不服，则修文德以来之"吗？主要表达的是一种文化至上主义，扩展的通俗意思就是不要对外抱怨，而应该反求于己，加强自身的素养，才能体现自己的价值，使别人信服。因此，在阳明的笔下，"有苗来格"当中的"格"，它的比较直白的意思就是"到"、"来到"等表现客观行为方向，引申义就是带有主观感情色彩的"归附"、"依附"的意思，特别是它的引申义是阳明极力提倡的。也就是说，对于阳明所批评的朱熹原话的语义不通，如果不加引申或扩展来看阳明的话语，他同样也存在这样的毛病。

至于为什么圣人没有明说"致知在穷理"，从而出现我们不能把穷理和格物对等起来的状况？这就涉及我们对经典的理解。如果单从字面或客观呈现形态上来看，经典是渺小的，它记载的客观内容是非常有限的，不可能面面俱到。但从所包含的意蕴上来看，经典又是伟大的，它在提出一个基本理论的同时，也为后世对这一理论的发挥提供了各种可能，用现在时髦的话说就是预留了各种技术空间以供后世升级所用。这样看来，阳明的疑问：还要你朱熹出来定义"致知在穷理"？这正是经典的价值所在。

再说了，经典虽然能够掌握问题的精髓所在，但它不可能面面俱到。《易传》和《大学》的作者在编写这些书时，他们怎么也不会想到一千多年后会发生你阳明和朱熹的一场辩论。

说了这许多阳明的"坏话"，我们的本意并不是为了揭露阳明学说的缺憾和虚伪性，而是为了说明阳明对程朱理学家的批判只是手段，不是他的终极目的。在这个问题上，他的终极目标是确立起自己的"心即理"命题。

我们换个思维来理解。假如阳明承认和沿袭了程朱的"格物"说，那获得理从而成为圣贤的途径就是在事事物物上求得事理。这是阳明已经实践过，并且是行不通的。更重要的是与他通过一系列格物失败而确立起来的"心即理"命题相矛盾。

这里还有一个问题。如果按照阳明的说法，用"正"字来解释《大学》中的"格"字，我们也尽可以按照阳明批判朱熹的思路来置换"致知在格物"，为"致知在正物"，那这句话同样也行不通。并且从字面上来看，它所犯的语法毛病要比"致知在至物"更为严重，不是填加上一两个词就能解释得通的。即使我们在这里启用"正"字的使动用法，意思就是获得知识的途径就是使事物归于正，在我们搞清楚怎样才是使事物归于正的标准和意蕴之前，也就是物该怎样正？这同样是一句让人摸不清头脑的话。而经典义是无法动的，对此，那阳明又该如何解释呢？

再者，对于程朱"格物"说的颠覆确实是从"格"字入手的，但这并不代表阳明对"物"字不置可否，对于在"格物"这一动宾结构中处于中心字眼的"物"字的解释，是阳明早晚要面对的问题。

## 四
## 就"物"论"物"与
## 心、意、知、物

    阳明在解决"正物"所带来的纠纷或疑惑时，他把矛头又对准了所谓"格物"之"物"的内涵的界定上。概括他的思路，大概有两条：一是就"物"论"物"；一是通过"意"和"知"等范畴的过渡，把心与物联系和等同起来。

    下面我们首先来看一下就物论事的内容。这同样保存于《传习录》卷中《答顾东桥书》一文中。

> 若鄙人所谓致知格物者，致吾心之良知于事事物物也。吾心之良知，即所谓天理也。致吾心良知之天理于事事物物，则事事物物皆得其理矣。致吾心之良知者，致知也。事事物物皆得其理者，格物也。是合心与理而为一者也。

    阳明所表达的大致意思就是：我讲的致知格物，就是将我心的良知推致到各种事物上。把我心良知的天理推致到各种事物上，那么，各种事物都能各得其理了。推致我心的良知，即为致知。各种事物都各得其理，即为格物。格物致知就是把心与理合而为一。

    在这段话中，单纯就阳明对"格物"的表达来看，是比较"本分"的，除了再一次申明他的"心即理"这一命题外，并没有作过多的引申，而是就"物"论"物"。"物"就是各种事物，"正"
就是正其不正以归于正的意思，合起来，"正物"的意思就是使各
种事物各得其理、归于正途，也就是使各种事物和人的实践活动从
不合理的状态变成为合理的状态。

这里，一个非常鲜明的特点，是阳明在讲到格物时，他所关
注的焦点始终没有脱离"物"这一中心字眼。只不过在讲到致知
时，阳明才提到心的主导和支配地位；而在讲到格物致知时，阳明
才把心与物联系起来，强调了心的本源性。因此，就"格物"两字
的本意而言，阳明的这一解释是比较切题的，因为他和其他宋明理
学家是基于一个共同的主题来进行讨论的，这个共同的主题就是
"物"，而他所展开的讨论也就是就"物"论"物"。

在分别明白了"正"字和"物"字后，我们对阳明"格物"说
的内涵有了一个大致了解，从而也消除了"正物"不成词语，甚至
阳明的"格物"说这种称呼本身是否合理的疑惑。

这是阳明把"格"解释为"正"意后，对"正物"提供的一个
解释版本。

还有一个就是阳明通过"意"和"知"这些儒学原有范畴的过
渡，把"心"和"物"联系起来，从而完成由"物"向"心"的转
化。下面我们就来看一下它的具体内容。

心、意、知、物这组范畴同样来自儒家经典《大学》中"正
心、诚意、致知、格物"的记载。正、诚、致、格往往是指认知手
段，指人为了获得心、意、知、物而采取的具体手段，心、意、
知、物是认知对象。

它们在《大学》当中的原话是这样的："欲修其身者，先正其
心；欲正其心，先诚其意；欲诚其意者，先致其知；致知在格物。格
物而后知致，知致而后意诚，意诚而后心正，心正而后身修。"它强
调了一种由认识事物到加强自我修养的儒家具体路径和逻辑顺序。长
期以来，人们都把它看作是儒家的"内圣"之道，也是加强自我修养

成为圣人的意思。然后又按照身修而后家齐，家齐而后国治，国治而后天下平的逻辑进行推导，从而完成由"内圣"到"外王"的道路。"外王"主要是指治国安邦的本领或事业。这一套理论是儒家的工夫论体系，受到各朝各代学者的重视，作为大儒的朱熹和阳明也是对此关注颇多的。但对于阳明来讲，他还另有一个动机，即这套工夫论体系又和他的"心即理"命题的主旨更为契合。我们要注意这里修身的过渡意义及其重要性，格物、致知、诚意、正心固然是以修身为归宿的，而齐家、治国、平天下则是以修身为前提的，天下国家的安危都是由我一身担当，那么齐家、治国、平天下等所谓"外王"也就成为修身本应有的含义，也属于修身的范围。而修身的概念是什么，就是正心、诚意，这和阳明所一直强调的心的本体性是比较一致的。因此，这一理论又受到阳明的格外关注。

聊到此，我们不先谈别的，单纯就《大学》当中所出现的这八个字眼，即正、心、诚、意、致、知、格、物，是否似曾相识。结合阳明训"格物"为"正物"的解释，我们可能会产生一种直觉，他应该是分别借用了"正心"当中的"正"字和"格物"当中的"物"字，才构成他的"正物"说。没错，他就是这样做的，但其中有一个过渡的问题，另外，还用"心"取代了原有的"物"。

下面我们来看一下，阳明是怎样进行具体转化的。

有关阳明进行具体转化的记载同样也是在《传习录》中，收录有阳明回答顾东桥的一段话最具代表性：

> 心者，身之主也，而心之虚灵明觉，即所谓本然之良知也。其虚灵明觉之良知应感而动者，谓之意。有知而后有意，无知则无意矣。知非意之体乎？意之所用，必有其物，物即事也。如意用于事亲，即事亲为一物，意用于治民，即治民为一物，意用于读书，即读书为一物，意用于听讼，即听讼为一物。凡意之所用，无有无物者。有是意即有是物，无是意即无是物矣。物非意之用乎？[①]

---

①王阳明：《王阳明全集》卷2，《传习录》中，第47页。

这段话的大意是说，心是身的主宰，而心的虚灵明觉境界或属性，就是它本身所具有的良知。虚灵明觉的良知因感应而有所动，这就是意了。先有知然后才有意，没有知也就没有意，知就是意的本体。意要发生作用，必须要有相应的物作为对象。物，亦即事。例如，意用于事亲，事亲就是一物；意用于治民，治民就是一物；意用于读书，读书就是一物；意用于断案，断案就是一物。只要是意作用的地方，总会有物存在。有什么样的意，就有什么样的物。没有这样的意，也就没有这样的物。物是意作用的结果。

这段话逻辑性比较强，但也显得比较烦琐，对于这段话的理解，我们可以尝试一下用较为简单的"发生→结果"模式来梳理阳明的思路，尽管可能有点牵强，但大致意思还是基本上没有背离阳明所说宗旨的。

心的虚灵明觉就是良知，也可以说良知来源于心，我们可以以"心→良知"来图示。良知因感应而动就成了意，在原来图示的基础上我们可以进一步补充为"心→良知→意"。没有这样的意也就没有这样的物，那又可以进一步修正我们的示意图，即"心→良知→意→物"。由此，通过知（其实在阳明的话语体系中就是良知的意思）和意的过渡，阳明建立起了心和物的联系，对于较为完整的"心→良知→意→物"示意图，我们又可以把它简化为"心→物"。我们的这一模式是"发生→结果"的模式，也就是说心相比较于物而言，它是本源的，物的产生根源是心。

建立在这样的认识基础上，在工夫论领域所提出的格物说，就其本质而言，还是心的问题，具体点讲，就是心的正与不正的问题，即所谓"正心"。格物的本质就是正心。"正心"我们就好理解了，就是正心之不正使之归于正。

当然，阳明循着这种思路，并不仅有"正心"这么一个说辞，还有前面提到的"正物"说。除此之外，还有"格心"说，也就是他借用了"格物"之"格"和"正心"之"心"，提出了"格心"

说。这出现在《传习录》所记载的阳明与徐爱的对话中：

> "格物"如孟子"大人格君心"之"格"，是去其心之不正，以全其本体之正。但意念所在，即要去其不正，以全其正，即无时无处不是存天理，即是穷理。"天理"即是"明德"，"穷理"即是"明明德"。①

对于这段话，我们也要分析一番。首先，第一句话当中的"去其心之不正"究竟是对"格"字的解释，还是对"格物"的解释？从字面上来看，它确实存在着上面我们所列的两种可能，但结合后面所论，从这句话的含义来看，它应该就是对"格物"的解释，也就是格物就是正心的意思，"格"和"正"这两个动词的含义是一致的，因此，"正心"就可以称为"格心"。其实它所表达的意思和"正心"是一样的。

其次，我们可能会问，按照阳明"心即理"的命题，心的本然状态就是至善，它没有什么不好的，它本身就是正的，为什么还要正它啊？可以说这段话的后半段就在回答这个问题。在这里，阳明有一个理论预设，即心的本体是好的，是至善的，但它要发用流行，也就是它要和现实联系起来，那一和现实联系起来，就可能产生不正的偏差，也就是我们在前一讲当中所描述的心被私欲蒙蔽了，而且这是一种必然状态，这是常人常犯的错误，因此，正心，或者正物，或者格心，或者格物的意义就在于此。

格物也好，正物也罢，阳明通过知和意的过渡，把心与物联系在一起并作了某种程度的对等，从而产生了对格物说的新解释，即正心，或者格心。

就这样，阳明消解了由追寻程朱"格物"说而"格竹"所带来的挫败感的同时，也完成了他对程朱"格物"说的超越。

---

①王阳明：《王阳明全集》卷1，《传习录》上，第6页。

第四讲　知行合一
——谁人背后不说人，谁人背后
不被说

一般说来，一个学说，合乎逻辑、可以自圆其说，抽象的理论构建是它的核心部分，而本体论和认识论上的理论更是重中之重。相比较于此，方法论层面上的理论起码从客观内容来讲要显得弱势许多，但同样也至关重要，因为它关系到这一学说社会价值的呈现，也必然牵扯到这一学说的传播和推广。

阳明的心学从总体上来讲，是教导士人如何成为圣贤的学说，因此，它不能单纯停留于虚渺的理论说教，而应该必须更观照到现实中的实践层面。而在对阳明心学各种范畴的横向比较中，我们觉得阳明的知行观是最为贴近现实，最具有方法论层面上的意义。

阳明的知行观，是针对以朱熹为代表的宋儒的知行观而提出的，其中有对宋儒知行观合乎逻辑的批判，也有对于宋儒知行观的误解。而当他的知行观面世后，他也面临各方的辩难，其中有的确实是针对阳明知行观的弊病而发，但也有的是基于不同范畴的运用所引起的误解。正可谓，谁人背后不说人，谁人背后不被说。

下面，我们先来看一下阳明知行观提出的学术背景和外在的诱因。其中与阳明知行观的提出联系比较紧密的学术背景就是阳明之前的有关知、行的历史。

# 一 │ 知、行小史

　　知、行这一对范畴起源很早，它们最早来源于古文《尚书》。

　　汉代的《尚书》有今古文之分。所谓今文《尚书》，是指由伏生开始传授的用当时通行的隶书写成的文本。所谓古文《尚书》，乃是用先秦蝌蚪文写成的。汉代民间曾多次进献古文《尚书》，由此出现了孔子家传本、中秘本、河间献王本、张霸伪"百两篇"本等。从西汉末年刘歆请立古文经开始，汉代经学就一直有今古文之争。而就其本质上来讲，实为政治资源的占有和分配的斗争。结果是古文没有列入学官，古文《尚书》的流布也受到一定的影响。

　　东晋元帝时，豫章内史梅赜又伪造并进献了一部古文《尚书》和孔安国《传》，在相当长的时期内，这部伪古文《尚书》占据了主导地位，人们竟然没有太在意其真伪问题。唐朝孔颖达奉诏撰《尚书正义》，就是用古今文真伪混合的本子。较早对其产生质疑的是南宋理学家朱熹，他对其中真伪颇有疑义。其后，明代梅鷟作《尚书考异》，清代阎若璩著《古文尚书疏证》等，才把古文《尚书》和古文《尚书》"孔安国传"定性为伪造。

　　虽然古本《尚书》的内容存在真伪问题，但这并不是说我们要把它完全打入历史的冷宫，任其自生自灭。其实它的内容还是可以利用的。不管它是否为后人伪托，它起码反映了当时儒生的观点，还是属于儒学范畴的一部经典。即使此书是伪书，作伪者们也是有备而来的，也非常聪明，他们所依托的是儒家经典《尚书》，这就意味着作伪者们已经看到了儒家在中国古代社会塑造方面的支配地位，并且更预见到或已经看到了《尚书》这一部文献在儒家学说传播史上的经典地位。单凭这一点，即使古本《尚书》为后人作伪的伪书，其价值也是非常了得的。

此外，经典的真伪，也并不影响人们借助经典来阐述自己的理论。在上一讲中，我们已经谈到以朱熹和阳明为代表的宋明理学家参与《大学》古本之争，其实他们并没有厘清或考证出究竟儒家经典的哪一个版本是真实的，他们参与争论的目的，就是希望通过或利用不同版本的记载，来找到更能适合自己理论发挥的依据，也就是利用这种争论服务于自己理论的阐发。在朱熹和阳明的眼中，到底是古本或今本对他们来说根本就不是一个问题。此一时是古本非今本，彼一时又能非古本是今本。根本出发点就是无论古本、今本，只要是其中的记载有利于自己理论的阐说，一切都没问题。如朱熹为《大学》作章句，即认为古本《大学》有错简和阙文。然而在说明自己的知行观时，他便是利用了古本《尚书》而提出的知、行这一对范畴的。因此，虽然朱熹和阳明在客观上确实对于一些字句也进行了自己的解读，后世的很多学者在提到考据学的历史时，一般都不把他俩当回事。可能也正是出于他们主观动机的"不纯"，即不是为了考据而考据，而是为了阐发自己理论、表达自己观点而考据。

具体到知、行这一对范畴，它们最早即是出自于古本《尚书》。古本《尚书·说命中》记载了商朝武丁时期官员傅说的话："非知之艰，行之惟艰。"其意是说，知道一个道理不难，把这个道理实践下去就比较难。而据古本《尚书·太甲下》记载，有关知和行的概念，在太甲时期就已经由伊尹提出："弗虑胡获，弗为胡成。"意思是说不去思考就搞不明白，不去做当然就不能成事。这里，"虑"和"为"就可以等同于"知"和"行"。

后世的许多学者，包括儒生也都认为古本《尚书》是伪书，口头上不承认它在儒学学术谱系中的地位，提到它也是一百个不情愿，但不可否认的是，古本《尚书》确实在这种充满敌意的外在环境中没有湮没，而是赢得了事实上的传播和认可。其中一个显著的表现就是由它一经提出知行问题，后世的儒者都纷纷跟进，提出了自己的观点。

战国后期，荀子提出不闻不若闻之，闻之不若见之，见之不若知之，知之不若行之的观点，《荀子·儒效》认为："知之而不行，虽敦必困。"意思就是知道一个道理而不去贯彻，不去施行，虽然对于这个道理非常熟知，也会遇到困难。荀子在其著作《荀子·劝学》中也提出了知、行的关系，"知明而行无过矣"，说明知对于行有指导作用。

到了汉代，大儒董仲舒对知、行也有所论述，他在《春秋繁露》的《必仁且智》篇中提到："凡人欲舍行为，皆以其知先规而后为之。"董仲舒同样也强调了知对行的统属权，也就是知对行的支配作用。

说到这里，我们有两点需要另作说明。一是有关我们的引文。古人写书不像我们现在这样要求要有明确的题目，而且题目要和文章内容相符，也就是文要对题，题目要能凝练、准确地说明内容。古人在著作时相对比较随意，我们看到的很多古籍的各篇章题目要么是没有，要么题目没那么明确。当然，我们现在看到的许多版本基本上都有题目，这些题目有部分是后人添加上去的。大家也知道，中国人有一种嗜古倾向，古人的经典那是轻易不会改变的，因此，后人虽然勉为其难地为古籍增添了题目，也多是从原始经典中选取一些字词来表达，有的可能就只是简单地取用这一段内容的前几个字作为题目，所以单纯从题目上来揣测文章的内容，很多时候是猜不着重点的，有的时候还可能出现猜想和事实完全颠倒的情况。如我们上面所引的董仲舒《春秋繁露》中的《必仁且智》篇，它所包含的内容就远远超出对人性仁和智的论述，而涉及了知、行问题。当然，这里提到，也只是想让大家明白阅读古籍时切忌望文生义，以今度古。

还有一点就是有关董仲舒其人。董仲舒是西汉今文经学大师，擅长《春秋公羊传》的研究，主要代表作就是我们上面提到的《春秋繁露》。一生仕途也不是特别显赫，曾经做过博士，这是一种学官，负责教授儒家经典并负责考核学习儒家经典的学生，有时候也会奉敕出使或上朝议政，品级不算高，仅六百石。后来，董仲舒的仕途虽有所起色，也主要是先后分别担任过江都国和胶西国的国相，但也偏离当时的政治中心。董仲舒的仕途确实不那么风光，但他的一生却是光彩夺目的，实际上起到了帝王师的作用，那就是他向汉武帝刘彻所上的"天人三策"，其中提出了"罢黜百家，独尊儒术"的主张，并且得到刘彻的积极响应和推行，从而一举确立了儒学在长达两千多年的古代中国历史上的正统地位。孔子创建了儒学，他是儒学发展史上举足轻重的人物，这一点大家是不用怀疑的，但儒学所取得统治地位，则是到了董仲舒那里。正是他在儒学发展史上的特殊地位，后世儒生在讨论某一个问题时，一提到董仲舒的论断，那也只有崇拜的份，基本上把他的相关论述是作为至高无上的"经"来看待的。有关于知、行问题的探讨也是如此。

总体来说，在宋代以前，有关知、行问题的探讨，多是从生产和生活中总结出来的经验之谈，特别是早期，往往对于知和行都是各说各事，很少把知和行联系起来，也就是说探讨知和行之间的关系。后来虽对两者关系提出了一定的思考，但也多是一般观点表达，或者个别生活或生产经验的总结。为什么这么说呢？因为在探讨知、行问题时，宋代以前的儒生往往是从认识人类的行为这一客观社会现象出发的，那人类行为是由谁引导？那就是人类具备的认识或知识。那人类的知识和认识从哪里来，这个问题就没有多少学者理会了。因此，宋以前的儒者往往在知、行问题上的基本观点就是"知先行后"，行是附着于知下的，知统属行。如董仲舒就是一个典型代表。其次，关于"知"和"行"两字的含义，也多是具有比较实际的意义。知主要就是对自然界和人类社会各种事物或观念的认识；行这一个字的含义，虽然也具备一定个人道德修养的意味，但主要还是指众多我们看得见、摸得着的生产和生活行为，也就是针对自然界万事万物的生产和生活行为以及人类的种种社会行为。鉴于此，我们认为正是宋代理学产生以前的儒者关于知、行问题的探讨多停留于具体的生产和生活经验总结上，不具备普适性，也不具备一般的意义，因此，我们一般不把他们的论述看作一般意义的哲理。

到了宋代，理学的发生改变了传统儒者对于知、行观念的认识。知不再主要讲对自然界和人类社会各种事物或观念的认识，行也不再主要是指人类针对自然界或人类社会的种种具体生产和生活行为。两者都发生了转向。理学家的知，主要是指对自身道德修养的认识；行也主要是指以自我完善、自我实现为宗旨的道德实践。有关知、行关系的认识上，知统摄或主导行的观点也不再一统天下，认识更加丰富。其中有知统摄行的传统观点，也有知、行互进并发的新的发展。

纵观宋代理学家有关知、行问题的认识，也还存在着一个演进过程。按照后世理学家们所构建的学术谱系，周敦颐是理学当然的开拓者，受后世儒者的影响，我们也大多这么认为，特别是从总体上来认识理学的发展源流时。其实，对理学发展产生较为直接影响，或者说在各个具体环节都亲身参与其中的，是二程即程颢和程颐兄弟。关于知、行问题就是如此。

二程兄弟之前的宋代理学家周敦颐和张载，都没有涉及知、行问题。在二程兄弟当中，两人对于知、行问题认识的贡献也不是一致的，也有差别。相比较于兄长程颢而言，程颐的贡献要更大一些。

程颢的知行观表现得并不明显，在他那里，知、行这一对范畴的差别还没有特别突出出来。知、行问题在程颢笔下是以知、仁这一儒家传统的角度提出的，他所借助的就是《论语·雍也》当中记载的樊迟向孔子请教什么是智慧的一段记载。他说："'敬鬼神而远之'，所以不黩也，知之事也。'先难后获'，先事后得之意也，仁之事也。若'知者利仁'，乃先得后事之义也。"①这段话有程颢的论说，也有经典的引用，理解起来比较困难，我们还是先弄明白它的基本意思。"敬鬼神而远之"这句话，《论语·雍也》记载的原话是这样的，"务民之义，敬鬼神而远之，可谓知矣。"就是说，要以民为本，急民众之所急。至于鬼神，一方面我们要怀着崇敬之心，一方面我们要离它远远的，这就是所谓的真智慧。由于语出经典，程颢对此只有赞成的份，并且他作了进一步论说，之所以没有出现对鬼神的不敬，那就是我们知道这个道理。"先难后获"，也出自《论语·雍也》，意谓先付出艰辛劳动后有所得。也就是程颢所说的"先事后得"的意思，这些都属于仁者的事情或者仁本身包含的意蕴。"知者利仁"，就是聪明的人肯定知道仁的优越性而去推行仁的意思。这是一个先获得智慧然后再去推行它的过程。从程颢的论述中我们可以看出，这里的"仁"就是行，知还是知。关于两者的关系，他认为这是一个事物的两个方面，角度不同，知、行关系呈献给我们的方式也不同，可以表现为先知后行，也可以表现为先行后知。也就是说，在程颢那里，他对知、行关系是没有立场的，起码立场相当模糊。

①程颢、程颐：《河南程氏遗书》卷11，见王孝鱼《二程集》点校，中华书局1981年版，第126页。

到了他的弟弟程颐那里，这种现象就改变了许多。程颐明确提出"知先行后"说。他主张先有知，在这个知的指导下，才能够出现受知引导或支配的行。正如他所说的"须是知了方行得"，"须是识在所行之先，譬如行路，须得光照。"①程颐用非常形象的比喻来说明知、行关系，这也是中国古代思维和理论一个显著的特点，我们在第二讲中已经提到。其中的光照就是知，行路就是行，在暗夜行路，必须要先有光照照明前方要走的路，我们才能够行路。把这种光照和行路的比喻义转回到知、行关系的哲学层面上来说，就是必须先有一定的认识，才能够出现受这些认识指导的行为。

看来，程颐的"知先行后"说，他有一个价值判断，也就是相比较于行而言，知的先行性是更为突出的，也是更为根本的。因此，有时候程颐的这种"知先行后"说又表现为"知本行次"论。认为行既然可以成为知的指导，因此，应把知放在首位，只有这样，才能对行产生直接的支配或导引作用。"君子以识为本，行次之。今有人焉，而识不足以知之，则有异端者出，彼将流宕而不知反。"②程颐首先提出了自己的主要观点，就是"识为本，行次之"，也就是"知本行次"论。并认为，如果违背这一知先行后之序，那后果是十分严重的。因为人如果不能首先获取智慧或者道理就去行动，也就是内心没有自己的想法或者自己固守的本心，那一旦各种异端邪说出现，也就会随波逐流，毫无主见而误入歧途。

下面我们再来看一下理学的集大成者——朱熹的知行观。总体来看，朱熹的知行观已经比较全面和成熟。说其全面和成熟，那是因为朱熹对于知行关系不再含糊不清，知和行，孰先孰后？孰本孰末？他的观点很明确，这是他学说的成熟之处。说其全面，那是因为他注意到知和行在不同层次上的运用，它们就分别出现在不同

①程颢、程颐：《河南程氏遗书》卷3，见《二程集》，第67页。
②程颢、程颐：《河南程氏遗书》卷25，见《二程集》，第320页。

的位置。他的一句话很能概括这些特点："论先后，知为先；论轻重，行为重。"①前一句话，"论先后，知为先"，朱熹这里表达的意思就是说如果知、行这一对范畴贯彻到现实或者进入实际操作层面，那知肯定是在行之前的。他在论述这一理论时，经常提到的一句话就是"就一事之中以观之"或"就其一事之中而论之"。②这就是说从具体的事件中我们来分析的意思。朱熹此处道出了一个基本的常识，必须先有一定的认识，才会有与此相应的行动。这里朱熹强调了人的能动性对于实践的作用。这是知和行存在的一种情况。但如果衡量知和行孰轻孰重的问题，朱熹则和他的导师程颐的观点不尽相同，他没有沿袭程颐那种由"知先行后"推导出"知本行末"的思路，而是在恒定两者关系时，突出了行的价值和意义。认为仅仅知道道理而不去行动，没有对社会产生一定的影响，那就等于无知或者不是真知，那知也就没有任何价值可言了。行是检验知之对错和真切程度的标准，也是知的社会价值的依附。

也正是朱熹在知行问题上有如此全面的考虑，在此基础上，他提出"知、行常相须"③的论点，从而推动了对知行问题的深入认识。朱熹认为，知、行问题在社会上往往表现为两种极端，一种是看重知识而忽视实践，一种就是看重实践而漠视知识。这两种极端都犯了同一个毛病，就是知、行相离了。要克服这些极端，就需要知和行相互依赖，要充分认识到知和行相互依存的关系。没有知，无法成其行，只有贯彻到行的知才能谓之"真知"；没有行，知的价值和意义也就没有着落，只有受知指导的行才能叫做"力行"。两者缺一不可，不可偏废，就像人走路一样，必须两条腿共同配合才能正常走路，若一条腿先失去了作用，那一步也迈不得。

---

① 朱熹：《朱子语类》卷9，中华书局1986年版，第148页。
② 朱熹：《晦庵先生朱文公文集》卷42，《答吴晦叔》，见《朱子全书》，第1914页。
③ 朱熹：《朱子语类》卷9，第148页。

　　宋代理学的另一派陆九渊，他在本体论上与朱熹针锋相对，但在知行观上则和朱熹比较一致，他也大致主张"知先行后"说。他曾在给别人的一封信中谈道："学之弗能，问之弗知，思之弗得，辨之弗明，则亦何所行哉？未尝学问思辨而曰吾能唯笃行之而已，是冥行者也。"①陆九渊认为没有经过深思熟虑而说能够去实践，那只能是像夜间行路一样，是盲目行事。除此之外，陆九渊涉及知行方面的讨论都比较少，特别和他的论敌朱熹相比较，其理论确实表现出比较粗糙的一面。

　　这就是阳明知行观出现之前的知、行小史。虽然没有面面俱到，但也基本上涵盖了这一历史主题的主干。

---

① 陆九渊：《陆九渊集》卷12，《与赵咏道》，第160页。

## 二
## 最有影响的知、行相离：武宗"失德"

阳明知行观产生的外在诱因，可谓有千万个，但其中最有影响的就是武宗"失德"，它给当时的士人，包括阳明，带来了巨大的心理冲击，也是阳明独特知行观提出的一个重要的外在诱因。

对于中国古代的每一个皇朝而言，一般而言，中期都是一个转型的时期。从政治上来讲，那种开疆拓土的豪情渐渐冷却下来，代之而起的，往坏了说，是官场的尔虞我诈、钩心斗角。往好了说，是一大摊剪不断理还乱、耗费精力但又意义不明显的日常琐事需要处理。而对于作为一国之主的皇帝来讲，中期的皇帝大多具有挫败感，觉得在处理日常琐事中不能体现自己的价值。而在中国古代众多皇朝中，明朝的皇帝又表现得最为典型。其中有在中国历史上蜚声遐迩的木匠皇帝朱由校，也有被禁中不堪忍受折磨的宫女差点勒死的朱厚熜，还有自闭的朱翊钧，等等。总之，明朝中期的皇帝觉得干啥都行，都能找到自己的价值，反正不是当皇帝。

而在这些价值感失落的众多皇帝中，武宗朱厚照又是比较特别的一个。说其特别，那是因为虽然面临着种种外在的阻力，朱厚照一直没有放弃追求自己的价值，没有"自暴自弃"。早年，朱厚照在宫中玩乐，那也是玩得相当有水平。像胡吃海喝，击球走马，放鹰逐犬这类把戏，都是作为一个皇帝本身就必须具备的基本素质，如果把玩停留于这个档次，那显然对于本身就对做皇帝比较烦的朱厚照没有吸引力，人家要追求自己的价值。但有一点，尽管有一万个不愿意，皇帝还是皇帝，追求价值的前提就是不能太辛苦。那该怎么来做呢？扮商人！朱厚照有一天突发奇想地想到这一职业。当然这一主张得到那群身残志也残的太监玩意们无条件的支持。就这样，处于大内禁中的一条商业街就这样开张了，而朱厚照掌柜也是粉墨登场，讨价还价，争得脸红脖子粗的，吵累了就到饭馆吃饭，吃完饭逛妓院，累了就在妓院睡。这就是朱厚照的早年惬意的生活，可能连七八岁小孩都不愿也不好意思再玩的所谓过家家游戏，大明的皇帝竟也乐此不疲。

人总有长大的一天，谁承想朱厚照长大后的所作所为一如既往地不着调。他想建造一个可以让其玩乐的场所，也就是历史上赫赫有名的豹房，但这需要钱啊。这钱从哪出，你尽可以想各种办法，但如果想征得外朝那些大臣们的大力支持那是根本不可能的。你一张嘴，肯定招来的是皇帝您要体恤民情、省吃俭用，以免走上覆亡之路这些不好听也不吉利的劝谏。但豹房还是要建的。此时，那个身体残疾、心理变态、心狭气窄的刘瑾在这里出现了，他向朱厚照献策：你把原来归司礼监掌管的官员任免权收回来，抄他们的监，保准有三屋子金银。然后再把所有官员给捋个遍，谁有钱谁去补上这些官职，又能积攒很多钱财。朱厚照很是高兴，把这件事交给刘瑾去办。

建造豹房的资金解决了，豹房也建了起来。豹房里面其实没有多少豹子，据记载就有一只文豹和三只土豹。最多的还是女子，各族各类的都有。这些女子大部分都是被掳掠来的。刚开始搜集民间女子时，朱厚照还比较注意自己的身份，一般是在夜间，见到高屋大院等富家才进去抢夺，弄得富家女都赶紧随便找个男的嫁了算了。后来朱厚照也不管了，连贫民家的孤女寡母也不放过。

　　玩物使人丧志，朱厚照皇帝也是明白这一点的，大丈夫当志在四方，他又把自己的视线从宫中收起，开始放眼四方，沉寂心中许久的男儿经营四方的那种豪情又被唤醒，他在抵御蒙古族南侵的重镇宣化镇建立镇国府，皇帝的名号也不要了，自封为"总督军务威武大将军总兵官"。朱厚照的机会也太好了，在他出宫寻找自己价值的路上，他竟然真的遇到了蒙古族入侵的机会，他亲自带军征讨，据说双方大战几天，朱厚照皇帝亲力亲为，亲手斩敌一人。整个战役也取得了杀敌16名，己方伤563人、亡25人的"骄人"战绩。但也不可否认，鞑靼军确实不知怎么地被击退了。事后，当然嘉赏无数了，皇帝给了皇帝不少的赏银和口头表扬。

　　这样的皇帝，普天之下，谁人不能做得？还没等普通百姓认识到，一个藩王就捷足先登了。正德十四年（1519），江西宁王朱宸濠造反了！经略四方豪情仍然没有散尽的朱厚照当然不能放过这个机会，又御驾亲征了。但我们的阳明太实诚了，还没等皇帝率领的大军达到，就喊里喀喳把不争气的宁王给生俘了。朱厚照很生气，亲征没有理由了，你都干完了，我还能干啥？但他也不甘心，就是不回朝，把阳明俘获宁王的消息隐瞒下来，继续他游山玩水式的亲征，把南方折腾个遍，人们也是苦不堪言，反正就是不回朝。要说还是圣贤的阳明反应比较快，他清楚朱厚照对于宁王造反的态度，也知道朱厚照皇帝征伐宁王的实质，于是他赶紧把宁王押解到南京，苦苦哀求朱厚照受俘，并说这所有的功劳都是他朱厚照老人家的，朱厚照才一百个不情愿地勉强答应接受，并打道回府。

　　据说回朝的路上也不消停，朱厚照又想把宁王放了，让他重新造反，自己要亲手生擒这厮。一帮随臣都愕然了，怎么办？碰上这么个主，死命劝阻呗。反正是挺成功的，朱厚照皇帝又踏上回朝的路了。闲着也是闲着，游山玩水那是必需的。经过清江浦时，见风景宜人，水少鱼多，朱厚照又兴起了做渔夫的雅兴，布网收网，那是做得煞有介事、一丝不苟，但朱渔夫忘了自己是冒充的，他连在船上站都站不住，跌落水中，那是一阵折腾，喝了不少的湖水。有的说据此得了肺炎，后来不治身亡。也有的说受惊吓后，便一病不起，看来，当过皇帝、做过威武大将军的朱厚照皇帝也是比较脆弱的。反正，朱厚照皇帝用传奇的方式结束了自己传奇的一生。

好了，关于朱厚照皇帝的创举我们发掘得够多了，就不再一一列举了。对于这么一个主，真是让人哭笑不得。我们在明朝的大好山河上，北上塞北，南下江南，处处都能看到他奋勇杀敌和忙忙碌碌的身影，但在最应该出现的与大臣们商讨国家大政方针的外廷和批阅公文的内宫龙案前，朱厚照皇帝的身影消失了。总之，作为一个皇帝的朱厚照干了除了皇帝应该干的几乎所有事情，一个外国人盖杰民在《剑桥中国明代史》中说得比较到位："他总是因他对待他的地位的态度，因他不肯像君主的权力把他置于高于一切的位置上那样发挥作用，而受到非难。"朱厚照所受到的非难就是时人以及后人对他"失德"的批评，就是干了皇帝不应该干的事，言下之意就是不配做皇帝。

朱厚照皇帝真的像我们所说的一无是处吗？恐怕也不尽然。他在临死前就说了几句很震惊人的话，其言："朕疾不可为矣。其以朕意达皇太后，天下事重，与阁臣审处之。前事皆由朕误，非汝曹所能预也。"①大意就是我的病没治了。你们帮我给太后说说，要以天下为重，朝中大事要与内阁大臣商量着来办。我以前所作所为，都是我的错，这些和你们没有任何关系。你说朱厚照傻吧，起码从他的话来看，不傻啊，他心里像明镜似的。你尽可以说他是人之将死，其言也善。也可以说这些话是他的近臣为了推卸自己的责任，以免朱厚照死后，没有了靠山，被追究责任而故意捏造的。但这透

---

① 《明史》卷16，《武宗本纪》，中华书局1974年版，第212页。

露出一个事实，就是说远远要比做来得容易，这不，朱厚照皇帝就企图用弥留之际的回光返照来抹杀他一生的穷凶极恶。这是一个发人深省的问题。

这些都看在阳明圣贤的眼睛中，并且也亲历过这些事，虽然刚开始出于伸张大义的急迫心理，没有考虑到朱厚照皇帝的感受，后来总算反应比较机灵，总体上对这件事的处理还是比较成功的。这里的成功也不是说说就了事，而是真正看透这一事件的本质，也就是知和行脱节的问题。但对虽然圣贤同样也为一社会人的阳明而言，他也明白有些东西是永远都碰不得的。朱厚照虽已仙逝，但他就是皇帝，直接把其作为批评目标，那风险是致命的。再说了，把一个享有诸多特权的皇帝作为阐述自己理论的依据，也没有说服力，谁叫他生来就是"帝十代"呢。没办法，阳明还是把眼前发生的一切又算到了以朱熹为代表的宋儒的头上，也就是宋儒知行观当中的知先行后说以及由其带来的知而不行的影响。

武宗"失德"对阳明心理的冲击，首先表现在对其"致良知"命题的提出所产生的直接影响。且不说作为九五至尊的武宗朱厚照在亲征宁王之前的那些所作所为，他对于当时士子心理的冲击是可想而知的，把身家性命寄托于这样一个主，那得有多大的心才能够敢这么做呢。但是没办法，皇帝就是他，也只能是他，普通民众理论上来讲是没有选择权的，无计可施，也只能强大自己的心脏，让它足够强大到能够接受这个现实。

武宗的失德对阳明的心理冲击还有另一层含义。阳明不仅是武宗失德的旁观者，更是武宗失德的直接受害者。看到黎民百姓因为宁王的叛乱和发动战争，流离失所和生活困顿，因此克服各种困难，整编地方军事力量，组织勤王，最终取得了平定宸濠之乱的功勋。但反观武宗朱厚照的所作所为，执意滞留南京受俘，不仅没有奖励阳明的意思，还很有点嫉妒阳明，把本属于他的功劳争去了。也亏得阳明反应比较机灵，阳明如果没有把宁王交给武宗，并上书说都是武宗老人家的功劳，这样僵持下去，江南肯定受祸害，阳明自身的安危也是一个未知数。大家千万别以为危言耸听。由于阳明平定宸濠之乱的卓越功勋，它犯了自古以来功高盖主的禁忌，更何况对于武宗这么一个好大喜功的主而言，更是如此。另外，这时正处于明代党争开展如火如荼的时期，阳明的功劳遭到了权臣们猜忌，很怕阳明因此得势，从而威胁到自己的权位，因此，充分利用功高盖主这一政治学定律，在武宗朱厚照面前纷纷诬陷阳明，甚至诬陷阳明有造反的图谋。看来，平定宸濠之战并没有为阳明带来仕途上的一片光明，反倒是危机重重。幸运的是，清者自清这条真理发挥了作用，本身动机高尚的阳明以不变应万变，面对种种机关算计，最终化险为夷。阳明反过头来看自己在这段险恶的岁月中之所以能自保的原因，那就是知行合一，这和时下盛行的程朱理学及其倡导的"知先行后"说以及由此所引起的知而不行的后果是截然对立的。

# 三
## 阳明的主观推导："知先行后"的结果就是知而不行

在朱熹的眼中，知和行尽管说是不可分离的，但也还是两种事物。就像我们说一对双胞胎在具体的穿着、性格、长相等等方面如何如何相像，但他们还终究是两个人，我们不能因此就把两者完全等同起来，或者更进一步说以一个人的存在来忽视或抹杀另一个人的存在。其实，朱熹有关知、行关系的认识又何尝不是如此。你不管怎么强调知、行多么亲密，多么不能分开，但终究是两物，很多情况下，在"知为先"的理论诱导下，往往出现的结果就是知与行的分离。这一点朱熹就被阳明抓住了小辫。

同时，我们也应该清醒地认识到，阳明在抓朱熹小辫的过程中，还有意、片面地理解了朱熹所说的"知为先"的说法，而完全有意地忽视了朱熹的"行为重"和"知、行常相须"的说法。这也是背后议论人一个普遍的思维，即为了强调自己学说的独创性或不同以往的独特性，往往伴随着对别人学说的有意误解。虽贵为圣贤，阳明也在事实上做了嚼舌头的工作。

阳明在知行问题上的立场是"知行合一"。这一立场来源何方？那就是社会上一些知而不行的现象。这种现象在理论上又源于

117

哪个地方？那就是朱熹的"知先行后"说。

让我们先来看一下阳明的这一逻辑推导吧。

阳明说："今人却就将知行分作两件去做，以为必先知了，然后能行。我如今且去讲习讨论做知的工夫，待知得真了，方去做行的工夫。故遂终身不行，亦遂终身不知。此不是小病痛，其来已非一日矣。"①就是说，现在的人都把知和行看作两个事物，都要把知和行分作两个不同的过程或事情去做。认为必先知道道理，然后才能够去行动。既然这样，那我们的一般思维都是先去讲习讨论，先去获得知识，等确实获得知识以后，我们再去行动。结果是什么呢？那就是终身都不去行动，这也就导致我们终身都没有获得真正的知识。这可不是一般的小毛病，这是一个非常普遍而又严重的社会现象，它的由来也是冰冻三尺非一日之寒啊。

许多情况下，阳明的说话非常隐蔽，好像真是针对当今社会现象的，其实不然。很多时候他就是针对朱熹的。这里于朱熹的针对性也非常明显。你想想，明代中期是个什么时代？那是以朱熹为代表的程朱理学占据着思想支配地位的时代，对当时的社会思想产生了非常直接和深远的影响，享受着无数的荣誉。但是，社会是一个整体，荣誉既然由你享受，那这个社会的弊端也要由你来承担。阳明话中的"今人"绝不仅仅是指当今社会或生活在当下社会的人，而要明确一个前提，就是受程朱理学影响和左右的当今社会。他的这段话的最后一句话则意味深长，"其来已非一日矣"，也就是说追溯这种知而不行的社会现象的来源，那可不是仅仅当下社会的一个简单的现象，而是由来已久，且有站在这一现象为其撑腰的学说。那是什么学说？当然就是以朱熹为代表的程朱理学啦。

这就是阳明把朱熹的"知先行后"说推导到知而不行的逻辑思路。

---

①王阳明：《王阳明全集》卷1，《传习录》上，第4—5页。

其实，在阳明的话语中，有关知、行问题，阳明多是采取这种比较模糊的说辞来针对以朱熹为代表的程朱理学的。

大致看来，阳明对朱熹等理学家知行观的批评还建立在一种并不平等的单边对话体系上。也就是说，朱熹等人早已逝去，阳明我还活着，你的问题我可以给你提供鲜活的解读，我的问题，你就不行了。我现在批评你，好了我会较为全面地理解你的学说，不好了，那对你的学说我就可以断章取义。前面提到的阳明对朱熹"行为重"和"知、行常相须"观点的忽视就是一个例子。还有，阳明在很多时候，对于同一个词汇，他是在不同层次上来加以利用的。

如知、行。在朱熹那里，知就是知，行就是行，两者之间虽然联系紧密，但也不可完全画上等号。我们可以把知和行都视为具体的行为，也就是说这一对概念都是在具体行为的这一个层次上。反观阳明对于知、行概念的运用，他的用法要复杂、丰富得多，当然也显得比较混乱。

阳明在谈到知、行时，其中有一个层次是和朱熹一致的，就是当知和行在指人的普通的行为时，两者是一致的。但阳明关于知、行问题还有一个层次，就是本体的层次。前面我们也已经向大家交代了关于本体的含义，知行本体其实就是知和行它们本来的状态或意义。由于叙述需要，我们先行引出我们下一个将要探讨的主题，即阳明的知行合一。在阳明看来，知行本体就是知行合一，也就是说知、行的本来状态就是你中有我、我中有你的，是不分彼此的。

阳明提出"知而不行只是未知"。[①]我们来具体分析一下阳明这句话中出现的两个"知"字。其中前一个"知"就是指一般意义上而言的；后一个"知"就是指本体上的"知"。换句话说，阳明所说的本体论意义上的知，就是和行是融为一体的，知中包含着行，行中包含着知。这点很像朱熹所说的"真知"。阳明在

--------

① 王阳明：《王阳明全集》卷1，《传习录》上，第4页。

很多情况下也引用该词，例如有一次刘时观向阳明请教什么是"未发之中"？"未发之中"来源于儒家经典《中庸》"喜怒哀乐之未发谓之中"这句话，其实所指就是喜怒哀乐各种情感没有外漏的状态就是所谓的"中"，也就是事物的本来状态。阳明说，我没法给你说，就像哑巴吃了苦瓜一样。你要想明白苦瓜的苦，必须自己去吃。说这话的时候，他的大弟子徐爱也在旁边，见其他弟子还是茫然，就说，老师的意思就是说只有去吃了你才能真正知道。即所谓："如此才是真知，即是行矣。"①徐爱很能理解阳明弦外之音：真知就是包含行的。

但这里有一个问题，既然阳明承认了在本来状态下知是包含行的，知和行是一体的，你这里又出来个真知是什么意思？那以前的知就不是真知了？如果不是真知就可以不行了？这一系列的问题本身就说明了阳明没有注意到这个问题，或者说他也在很多具体的对话环境中，无暇顾及知和真知概念的解说。在我们看来，其实阳明对于知的运用存在着两种层次，一种就是普通具有实际行为意义的掌握或知道了某种道理的意思；一种就是指"真知"，也就是知行合一这一本来状态下的知，它主要是针对与行的合一性而言的。更为要命的是，阳明在不同层次利用知的含义时，并不作任何说明，我们前面提到的"知而不行只是未知"就是一个典型的事例。正是阳明的这种论述特点，使得他在面对朱熹时，往往利用知行本体意义上的知来批评朱熹在具体行为上对知的定位，也就是说朱熹往往是从第一种层次上来说知，而阳明往往是从本体意义上，即第二种层次上来说知。那他对朱熹"知为先"、"知为本"的批评就是必然的了，因为两者根本就没有形成对话，而是各说各事。这时我们如果不识时务的评判孰优孰劣、孰是孰非，那当然是自讨没趣了。

平心而论，朱熹和阳明的知行观都有它的合理性。朱熹讨论的

---

①王阳明：《王阳明全集》卷1，《传习录》上，第37页。

是具体、个别的事例，他的"知为先"说是在表达一个基本常识，就是人的行为都受意识的支配，没有不受知支配和影响的行。从本质上来讲，这个知确实需要来源于实践，即所谓行，但是这并不代表我们所有的知都是来源于亲身的实践，通过阅读、询问等方式也可以获得知。打个比方，我们对死的认识的获得，肯定不能要求我们去死一遍，真死了哪还会形成对死的认识。在这个意义上，朱熹的话是成立的，阳明用知行本体的说法来要求具体的知的行为，确实有点不近情理的感觉。

但阳明的话也不无道理，也是合理的。刚才我们已经说了，知本质上它的来源还是行，即使是对于死的感知也是这样。我们尽可以不去死，可以通过了解别人描写的死的知识，或者通过曾经死但没有死成的人的描述来构建我们对于死的认识，但别人描写的死也正是来源于没死成的这种经历，这还是实践，即所谓行。死的过程也就是我们对死认识的过程，从这个意义上来讲，那知和行就是一体的。如果我们揪住朱熹的"知为先"不放，那朱熹的知行观确实有点没有把握住问题的实质的感觉，阳明的说法更为深邃。

这时，我们可能会产生一个疑惑，你不是说它们都有合理性吗？怎么又分别说明了朱熹和阳明知行观的缺点呢？对于这个问题，我们真不好回答，别说我们，连近代的教育家陶行知（又叫陶知行）先生都很纠结。据冯友兰先生说："究竟是知易行难呢，抑是知难行易呢？在许多人的心目中，成了问题，陶行知先生的名字，本来是陶知行。他或者先以为知易行难，注重在行，故取名先知而后行，后又以为知难而行易，注重在知，故改名先行而后知。究竟他的意思，确是如何，我们不得而知，但他把'知'、'行'二字，颠之倒之，似乎表示他对于知行的看法，先后总有不同。"非常荣幸的是，我们认为两者都有其合理性，和冯友兰先生关于知、行难易问题的总体评价也是比较一致的，他说："这两个问题

121

都是可说的，而且都是真的。"①哲人的话，还是要听的。如果仍然
觉得我们辩证法学多了，充作老好人，那我们只能说，辩证法真的
是一个合理的理论，许多事情并不非要分得个高下才能善罢甘休，
或者换句不负责任的话，很多事情不要太过于较真。

　　和这个有关，我们这里还有一点奇怪的想法要和大家分享。
仔细反思我们总想争个高下、分个优劣的心理，也就是说总想掌握
世界的终极真理的心理，它的来源是什么呢？当然，从积极方面来
讲，代表着我们积极认识和改造世界的态度。但同时我们也觉得是
人类的一种狂妄和懒惰性的表现。虽然我们不是哲人，但也敢负责
任地下一断语：只要世界在发展，人类在延续，终极真理是永远都
无法获得的，打算或企图获得终极真理的人类就是狂妄。这里的懒
惰性就是指思想的懒惰，我们总是设想，一旦我们获得终极真理，
那我们就可以不变应万变，一劳永逸地解决了对于前途叵测的担
心。我们觉得，还是收拾起无法获得终极真理的沮丧心情，在不断
的变化中充分享受这灵动的平衡吧。

①冯友兰：《哲学的精神》，陕西师范大学出版社2010年版，第329—330页。

# 四
## "知行合一"的遭遇："销行以归知"

　　阳明在晚年提出"致良知"这一命题之后，他就在不同的场合一再宣告这一命题是他一生的思想所守。我们可能会有所担心，担心什么？担心阳明是否会找到了他一生思想所守的命题后，而抛弃原来我们已经探讨的命题？如"心即理"、"格物"说，或者我们现在正在探讨的命题——"知行合一"？如果这样，那我们以前的努力都白费了。这一点大家大可放心。阳明在提出"致良知"概念之后，他虽然对原先提出的各种命题作了某些方面的修正，但基本精神是不变的，也就是说以前的那些命题在阳明的心学体系中仍然是有效的。这里提到阳明心学是一个体系，在这个体系中有一以贯之的主线，我们说"心即理"这一命题很多时候就扮演着这样的角色。这一主线就保证了阳明不能在提出一个概念之后，就像黑熊掰苞谷似的，掰一个丢一个，可以随心所欲地放弃原来的概念。因此，我们的担心是多余的。还有，阳明不仅不能丢弃或放弃原来的概念，还要在原有概念和新概念之间找到合乎逻辑的联系。"知行合一"和"心即理"就是这么一对典型的概念。

　　我们在第二讲中提到阳明"心即理"命题是他心学的理论核

心，心学的其他范畴或概念都是围绕这一命题而展开的。当然，"知行合一"也不例外。阳明具体论述是这样的：

> 心，一而已，以其全体恻怛而言谓之仁，以其得宜而言谓之义，以其条理而言谓之理。不可外心以求仁，不可外心以求义，独可外心以求理乎？外心以求理，此知行之所以二也。求理于吾心，此圣门知行合一之教，吾子又何疑乎？①

意思就是说：心只有一个。作为全体的心，表现为同情、哀怜就是仁，表现为合理就是义，表现得比较有条理就是理。仁和义都是从心中求取，单独的理可以从心外获得吗？向心外求取理，就是把知和行分作两物或两回事了。向心中求理，这正是圣门知行合一的主张，对此，你认为还有什么地方可怀疑的吗？

从上面的一段话中，我们基本掌握了几点信息：一是阳明再一次阐述了他的"心即理"命题；一是阳明把"知行合一"说看作圣门之教，这种定位显示了"知行合一"说在阳明心学中的地位；再者阳明是把"知行合一"说安置在"心即理"这一命题的底座上的。阳明认为，心只有一个。恻怛、合宜、条理都是心的一个侧面，我们所说的仁、义、理都需要在心上求取，心是这一切行为的源泉。在"心即理"的命题下，我们知道，心具有主导的地位，心是这一思想的基础。那在"知行合一"的命题下，知和行的根源同样还是心。就这样，阳明把他的"知行合一"说成功地安置在"心即理"的底座上。

下面我再具体来看一下阳明"知行合一"说的具体内容。

"知行合一"说，它的内涵在阳明的话语体系下表现得非常丰富。

首先，关于"知行合一"这一说法。在阳明的话语中，"知行合一"有时候表述成"知行本体"，两者是可以画上等号的。阳明

---

① 王阳明：《王阳明全集》卷2，《传习录》中，第43页。

认为知和行是同一的，这就是知、行本来的状态。阳明是拿"知行合一"来规定"知行本体"的。

有时候，阳明又把"知行合一"表述成"真知力行"。我们前面已经讲到阳明关于知和行的运用，特别是关于知的运用存在着两个层次。简单一点说，一个是在本体上，也就是理想状态下来谈知和行，一个是在实际表现中来谈知和行。在理想状态下谈知和行，知和行是无所谓好坏的，而这里的知和行前面分别加上"真"和"力"，都是褒义词，说明这是在实际表现中来谈知和行的。换句话说，如果非要把理想状态下的知和行与实际表现中的知和行联系在一起，那"知行本体"或"知行合一"就是"真知力行"。

我们可能又会产生疑问了，为什么说"真知力行"就能说明阳明"知行合一"的观点呢？也就是说，"知行合一"的表现就是"真知力行"呢？这里我们需要说明的是，"真知力行"这个完整词组一次也没有在阳明的《传习录》，甚至是他的《王阳明全集》中出现过，但关于它的意思，阳明则是不断提及和解释的。什么是"真知"？阳明说就是"知之真切笃实处"。什么是"力行"？就是"行之明觉精察处"。"真切笃实"就是"真"，它强调人们掌握事理或知识都达到了一种非常纯熟和牢固的境地；"明觉精察"就是"力"，则强调的是人们行为或做事非常努力或对自己的行为有着非常清醒的认识。关于阳明"真知"、"力行"的说法，见于《传习录》的记载，保存于我们经常提及的《答顾东桥书》中：

> 知之真切笃实处即是行，行之明觉精察处即是知。[1]

这里，我们需要注意的是，阳明"知之真切笃实处即是行"语句的意蕴非常深刻。这句话第一个字是"知"字，最后一个字是"行"字。阳明以谈"知"为出发点，落脚点是"行"字，仅据此判断，我们很容易就可判断出这句话是在谈知、行关系的。

---

[1] 王阳明：《王阳明全集》卷2，《传习录》卷中，第42页。

从句式结构来分析，抛开中间的补语，就可以简化成"知即是行"。而"知即是行"就是"知行合一"，这和"心即理"同样也可以表述成"心理合一"是同样的道理。但这里，我们也许会提出疑问，你以上的推导都是在去掉或省略中间的补语的前提才得出的。这也好理解，阳明这里的"知"是基于他实际表现的层次上来运用的。阳明正是从知的实际表现层面推导出了知的本体层面。与这个思维是一样的，行的问题就不用我们多作解释了吧。关于知行问题，阳明正是从知和行的实际表现层面推导出了"知行本体"，即"知行合一"。

《传习录》中"知之真切笃实处即是行，行之明觉精察处即是知"这句话对阳明"知行合一"意蕴的阐述还是比较简单的，表达得也不够充分，在其他场合，阳明有更为充分的论述。阳明在《答友人问》时说：

> 知之真切笃实处，便是行；行之明觉精察处，便是知。若知时，其心不能真切笃实，则其知便不能明觉精察；不是知之时只要明觉精察，更不要真切笃实也。行之时，其心不能明觉精察，则其行便不能真切笃实；不是行之时只要真切笃实，更不要明觉精察也。知天地之化育，心体原是如此。[①]

阳明利用"真切笃实"和"明觉精察"的错位，再一次说明了其"知行合一"命题。为什么说它们错位呢？因为"真切笃实"往往是用来描写行的，《中庸》中有言"笃行之"，其中的"笃"就是和"真切笃行"意思相近；"明觉精察"是用来描写知的，同样也是《中庸》又有"明辨"、"慎思"来描写人的认知行为。而在阳明的笔下，为了强调知与行的合一性，本来用来描写行的"真切笃实"用来描写知，本来用来描写知的"明觉精察"用来描写行。可能阳明也意识到这种错位，一般受众在理解上存在一定的困难，

---

①王阳明：《王阳明全集》卷6，《答友人问·丙戌》，第210页。

他又作了进一步解释。他说我们在获取知识时，如果我们的心不能真切笃实，那知就不可能达到明觉精察的道德境界。阳明提出这种奇怪的说法，并不是说我们在获取知识时，只要明觉精察而不要真切笃实，真切笃实也是需要的。关于用明觉精察来说明行的境界，其实和前面我们所分析的用真切笃实来界定知的道理是一样的。最后阳明又把他的"知行合一"说和"心即理"命题联系在一起，知和行都源于心，知和行的合一是心本来就具备的天然状态。

从上面我们可以看出，阳明的"知行合一"就是在实际表现层面，也就是所谓真知、力行是不分彼此，是合为一体的。但我们别忘了，"知行合一"这一命题就是阳明在本体意义上，或者理想状态下探讨知、行关系而得出的一个结论。

这一命题包含着知行并进、不分先后的意思。阳明的《传习录》有一段关于"知行合一"命题的论证：

> 故《大学》指个真知行与人看，说"如好好色"，"如恶恶臭"。见好色属知，好好色属行。只见那好色时已自好了，不是见了后又立个心去好。闻恶臭属知，恶恶臭属行。只闻那恶臭时已自恶了，不是闻了后别立个心去恶。①

这段例证得需要我们仔细分析。阳明利用《大学》当中的话，"如好好色"和"如恶恶臭"，认为《大学》当中的这些记载就是为了让我们了解真知、行提供一些启发。紧接着，和前面我们提到的用"真切笃行"来形容知，用"明觉精察"来形容行的思路一样，阳明又作了错位的描述，"见好色"属于知的概念，"好好色"属于行的概念。这里，"见"是一个动词，基本可以把它看作行为动词"看见"，这是一个表达行为的词，这里阳明是用它来定义知的。"好"是喜欢的意思，往往表示情感，我们一般意义上都把它看作属于知的范畴，这里阳明则是用它来规定行。阳明这种错

①王阳明：《王阳明全集》卷1，《传习录》上，第4页。

位的目的，我们前面已经说了，是为了突出知就是行、行就是知的意思，这里也不例外。重要的是其后的论述，即"不是见了后又立个心去好"和"不是闻了后别立个心去恶"。意思就是说，并不是在见到了使人悦目的颜色之后才另起一个心去喜好，同理，不是在闻到恶臭后才起一个心去厌恶它。这里，阳明就把知和行都统归于心，认为在心的支配下，知和行是同时完成的，并不存在先后的时序差别。

就"知行合一"所包含的内容来看，它还具有知和行两者相互包容、彼此不分的特点。当然，阳明这里还是用例证的方式来论证他的这一观点的，他说：

> 夫人必有欲食之心，然后知食，欲食之心即是意，即是行之始矣。食味之美恶，必待入口而后知，岂有不待入口而已先知食味之美恶者邪？[1]

这段话的大意是这样的，人必定有想吃饭的心，然后才会知道去吃饭，想吃饭的心就是意念，那意念就是吃饭这一行为的开始。食物味道的好坏，必须要等吃了之后才能够知道，哪有没有经过品尝就知道味道好坏的事物？其中前半段话以知为主体，讲述知对行的作用以及知就是行的意思。后半段话以行为主体，讲述行对知的作用以及行就是知的意思。以"欲食之心"、"食之美恶"与"入口"为喻，来说明知和行是相互包容，不可分割的。

对于这个观点，阳明还有一段高度概括的话：

> 知是行的主意，行是知的功夫。知是行之始，行是知之成。若会得时，只说一个知，已自有行在；只说一个行，已自有知在。[2]

前半段话，表面上看起来比较抽象，对仗也非常工整，其实表达的意思与"欲食之心"那个事例没有差别。后半段话则是阳明这段话

---

①王阳明：《王阳明全集》卷2，《传习录》中，第42页。
②王阳明：《王阳明全集》卷1，《传习录》上，第4页。

的重心所在，如果真正懂得知、行的道理，也就是了解知、行的本来状态，一提到知，你就要明白这其中已经包含了行；一提到行，这其中也同样包含了知。这不是"知行合一"，还能是什么？

　　我们上面分析了"知行合一"的意思，总体强调知和行的齐头并进、相互包容的特点。在阳明的具体论证过程中，也大多采取了对仗的语句来进行描述，基本模式是分别以知和行为主体，来描述知和行之间的相互关系和作用。表面上看来，阳明不偏不倚，强调知和行都非常重要。其实不然。这时我们应该想起阳明"知行合一"的知行观提出的一个前提是什么？那就是以朱熹为代表的程朱理学"知先行后"所导致的"知而不行"的后果。如果想起这些，那我们就会明白阳明"知行合一"的重心绝对不会停留在知和行都非常重要的层面，而是要论证行的重要性，唯其如此，才能建立起一个足以改变"知而不行"不良后果的理论体系。

　　如果我们有了这种认识，我们反过头来再看上面已经引述的阳明的话，可能就觉得"变了味"。如"知是行的主意，行是知的功夫。知是行之始，行是知之成"。阳明这句话的重心不是在前一句话，而是在后一句话。在这句话中，行是实际的主语，有关知的内容或相关论述是围绕行而展开的。从整段话来看，在阳明的眼中，知虽然有一定的指导意义，但行才具有最终的决定作用。

　　同时，这种理论倾向在阳明固有的学说中也有它立论的基础。在阳明的心学体系中，由于心的本源性，知来源于心，或者说知是心的本来就具备的一种状态，这一点对一般受众而言，理解是没有疑问的。因此，他更担心的是行的问题。在很多场合，阳明都是在偏重地强调知行观的另一个主体，即行也同样属于心的本然状态，也就是更强调行的存在及其价值。

　　但这里又出现了一个问题？一般受众可能也会理解阳明强调行的种种苦心，但强调的方式方法很可能大家就不敢苟同了。因为阳明认为行也是心的一种存在状态，换句话说，我们日常的行为都是来源于本心，那我把我的本心安顿好了，是否就可以不去进行具体的实践了呢？这不又同样出现"不行"的结局了？我们这里可不是危言耸听，看看后人对阳明"直抒胸臆"、"束书不观"等等的评价吧，可以说这些疑问成了现实，成为后人评价阳明心学的主色调。其中明末清初三大家之一的王夫之，他的一段话最为典型：

> 陆子静、杨慈湖、王伯安之为言也，吾知之矣。彼非谓知之可后也。其所谓知者非知，而行者非行也。知者非知，然而犹有其知也，亦惝然若有所见也。行者非行，则确乎其非行，而以其所知为行也。以知为行，则以不行为行，而人之伦、物之理，若或见之，不以身心尝试焉。①

我们知道，如果从阳明的立场来分析他的知行观，他是注重行的，这一点我们大可不必怀疑。但王夫之也说了，阳明等人也不是说知可以放在行的后面。阳明等人所说的知不是真知，行不是力行。在王夫之看来，知即使不是真知，但还有知在。但如果行不是力行，那就确实不是行了，阳明等人是以知来代替行的。其后，王夫之对阳明的知行观还提出"销行以归知，终始于知"的批评，认为阳明知行观的核心是知，行是完全附着于知下的，其结果也只能是"知而不行"。

其实，王夫之的话也不是全无道理。按照阳明知行观本有的思路，他把行的启动是从知开始算起的，这是出于一种理论预设，即人心（已发之际）是恶的，动机是自私的或不纯的。要想在现实层面出现善的行为，必须先在心中把恶念给清除掉。从这个意义上来讲，知是行之始也是成立的。但如果人心是善的，人们只要任善念发挥流行，自然就会出现善行，不需要再从意念上把恶念克倒，那行的启动就不能从知算起，阳明的立论就不成立了。因此，这就只剩下一种情况，即人心是恶的，我们的行为首先要从认识上明白，

---

① 王夫之：《船山全书》第2册，《尚书引义》，岳麓书社1996年版，第76页。

也就是我们现代所经常提到的要端正我们的态度，要花大力气反思我们的动机和态度上，这是首要的。至于端正了态度之后，要不要去施行，阳明的本意肯定是要去施行的。但从阳明的论述中，我们看不出这个意思。他反复说明只要有善念，那就是善人了。看来，王夫之对他的批评也是合理的。

历史往往就这么具有戏剧性。阳明从"知而不行"出发，挖掘出了这一现象背后的支撑就是以朱熹为代表的程朱理学家"知先行后"的理论。因此，阳明特别强调行，尤其强调行的动机，而动机又往往和一般的知联系在一起，这也使其"知行合一"理论也面临着"知而不行"的指责。转了一圈，阳明仿佛又回到了原点。

我们别为阳明沮丧，阳明是不会沮丧的。因为经过这么一场思想的历练，他完成了自己知行观的构建，面对时人或后人的批评和指摘，他问心无愧，而且也没有任何纠结。正所谓文章千古事，得失寸心知。我们觉得我们也算跟随阳明思想历练了一遭，应当也获得了一些正能量，而不是仅仅纠缠于阳明知行观理论上的漏洞。

有鉴于此，我们联系当下的一些社会现象，阳明的知行观都会给我们以重大启发。当下，社会腐败问题是一个见怪不怪的问题。每每一个官员因为腐败问题遭到严惩，我们很多时候就像看一场和我们没有任何联系的舞台剧，尽管茶余饭后我们也会从外在形式上进行热烈讨论，但这并不能消解我们心理上对这一社会现象本质上的淡漠。与早期的义愤填膺，寻找造成这一现象的各种原因不同，最近出现一种人们往往把这一现象归结为体制问题的倾向。认为谁上台都无所谓，谁上台都会去贪，这就是体制问题。我们暂且不去讨论腐败现象的层出不穷给民众带来了失望情绪，单单就认识逻辑上来讲，这种思维也是有毛病的。体制为何物？它和人的关系如何？可以说，没有人参与的体制是不能称其为体制的。体制改革固然必要，我们这里把所有问题归于体制，看起来好像非常睿智和豁达，其实这是从本质上为腐败分子或自己的罪行开脱，是一种自欺欺人的做法。体制固然重要，人的能动性也是不容小觑的。体制的弊端并不能成为我们日常错误行为的替罪羊。也不会在桥倒塌了之后，追究事故责任时，追究来追究去竟然找不到一个应当负责任的责任人。阳明所极力强调的突出人的能动性，正可以治疗这种不太健康的心理。

阳明的"知行合一"命题突出知和行的进行是同一过程，这就要求我们没有那么高的境界，千万别到处道貌岸然地去假扮，也就是俗语所谓的没有金刚钻，别揽那瓷器活儿。特别是身居高位者，要想自己的罪行或错误行径不被发觉，没有更好的办法，就是不要犯这样的罪行或错误，要多加强个人的修养，端正自己的动机。素质达不到，自我修养不行，可能假扮得了一时，但总会出现在各种场合抽名牌烟、带着各种名表等情况，事后再怎么找补，也是挽不回既已造成的影响的。

第五讲　致良知

——阳明心学的总结与重构

此心光明——评说王阳明与《传习录》

一个学说的建立，往往是一个循序渐进的过程，而非一朝一夕的工夫。整体来看，它大致呈现出发展——总结——再发展——再总结——再再发展……这样的成长过程。学术的发展既永远无法停止，也永远没有尽头，这也是我们第四讲中提到的人永远也无法获得终极真理。但是这样的学无止境的过程，并不排斥我们会在某一个阶段内进行某种程度的总结。

总结从某种程度上来讲，就是理顺旧概念、旧观点与新观点、新概念之间的关系。并且，总结是为了学说更好的发展，是学说再发展的前提，如果不回过头来看看来时走过的路，那也不知道自己在哪些方面走了捷径，哪些方面走了弯路。虽然总结从表象上来看是面对过去，因为总结的对象是已经发生的事情或经验，但其实质上是面向未来，因为总结的目的不是盖棺论定，而是为了未来的学说更好地发展。

我们说历史的发展是一去不复返的，具有不可逆性。但这同样也不能排除在历史发展过程中确实存在着各种可能，也不能就此剥夺我们了解各种可能性的权利。并且，历史的不可逆性也是在一个历史事件客观过程已经结束的相当长一段时间后，从较长时段内我们来看历史时，它可能确实是如此。但当历史的客观发展过程还没有完全终结，我们再看历史时，它确实存在着种种变数，还有进行矫正修补的种种机会。很多时候，这种矫正或修补的幅度是比较大的，我们甚至可以称其为从头来过。

但具体到一个学说，还是不要从头来过的好，因为学说本质上来讲就是一个向别人兜售自己想法的过程。自己还没搞明白，就想向别人传教，今天推翻了昨天的结论，这也是学说传播的大忌，即自相矛盾，其说服力也是可想而知的。正所谓人不自信，谁人信之。况且，一个成体系的学说，它的最为突出的特点就是延续性，如果没有逻辑上的延续性，那我们只能认为是一些发人深省的名言警句，而不是学说。名言警句往往强调一种爆发力，强调迅速抓住人视线的能力，而学说虽然也讲究控制人思想的能力，但这种控制方式是较为温和的，是一个持续的过程，甚至可以说是一个潜移默化的过程。鉴于此，学说的开拓者或发展者并不能完全抛开既有的成说而肆意发挥，而是要非常注意各种概念，包括旧有的和新生的之间的逻辑联系。特别是以含义更为丰富、指意更为明确的新概念作为参照，来重新审视旧有的观念，就成为一个学说发展必需的过程，此所谓重构。

阳明"致良知"命题的发现就是遵循了这样一个烦琐而又必需的过程。

# 一

# 宸濠之变与优入
# "良知"圣域

　　说到阳明"致良知"命题的提出，还得从平定宸濠之变说起。说到宸濠之变，给我们留下印象最深的恐怕还是武宗朱厚照的那一通折腾，他对士人三观（世界观、人生观和价值观）的冲击是颠覆性的。阳明也不例外，并且作为当事人，所承受的冲击要比普通人大得多。

　　冲击归冲击，但并没有出现大面积"三观"崩溃的局面，也就是说，迄今为止并没有相关的研究表明武宗"失德"时期疯子或者精神病会大量地出现，这是一个值得玩味的问题。看来，人类真是一个生存力非常强的生物，人类的神经没那么脆弱，面对外来的冲击，人类总能找到各种值得高兴的事来抚慰其受伤的心灵，总能适时地找到各种应对的方法来渡过难关。很多时候这种方法就是我们近代历史上反复批判的阿Q精神。

　　我们觉得，人人都需要一点阿Q精神。社会历史的发展是非常复杂的，它们是一个非常复杂的系统。在这样一个系统的发展过程中，人的能动性只是一个方面，外在的环境也是我们需要考虑的东西，人类社会历史的发展就是两者交相作用的结果。也就是说，在社会和历史的发展过程中，人类可控的成分也就停留在人的能动性方面。即使是这样，也是一种理想状态。因为人是千千万万个个体，每个人都有自己的一套参与社会和历史发展的意愿和方法，这就导致了人的能动性并不是一个加一个，再加一个，加无数个，所有人的意愿简单叠加在一起那样。总体来讲，社会和历史的发展的动力，就是千万个人的主观意愿斗争和妥协所构成的人的能动性或主体选择性。这一能动性或主体选择性和外在环境再相互作用，形成的一股合力，正是由这股合力推动了社会历史的发展。具体到每个人，作为普通人的我们，在历史发展中的作用是十分渺小的。因此，我们常常感觉到人生不如意事十之八九，这也是出现这种感觉的根源。在这样的社会发展结构中，我们较真得起吗？

我们需要一点点阿Q精神。如果没有这一点点阿Q精神，那我们的个人意愿和现实结果之间的差距，轻则会使我们经常抑郁，干扰我们的生产、生活。重则会使我们疯掉，丢掉我们的性命。可以说，这是面对大的灾难时或强烈的思想冲击时，人保护自己的一种下意识的动作，尽管我们可能有一万个不情愿或不承认。

人面对外来的冲击时，心理状态上往往会出现一种内收的倾向。大家翻看中国历史时，可能有一个非常直观的感觉，就是中国人生活得非常实际。每当生存的外在环境比较宽松或理想时，往往强调在现实中奋斗或努力，代表入世特点的儒家也就成为人们信奉和追捧的学说。而当外在环境比较恶劣时，也就是说现实一塌糊涂，很难在现实中有所作为时，人们往往强调内心的强大来应付世事的多舛，而代表出世特点的道家和佛家这时往往成为学术的主流。其实这也是儒家理论"穷则独善其身，达则兼济天下"一经提出，就会在古代士人之间得到广泛认可的原因。

可以说，面对作为皇帝的武宗，他的一系列荒唐的行为，人们普遍的做法可能就是适度地用阿Q精神聊以自慰，以熬过这艰难的时刻。这还算是好的，立场不坚定的，或者说内心不强大的往往随波逐流，放浪形骸。当然，这其中也有相当一部分士人是借放浪形骸的外壳来表达对当时处境的不满。嘉靖时期的士人姜大成在评价正德时期的士人生存环境时说得比较好，"古来抱大才者，若不得乘时柄用，非以乐事系其心，往往发狂病死。"①确实，"乐事"是当时人们缓解自己心头郁闷之情的一个排泄口，但还有出路就是"乘时柄用"，这个词即使是在荒唐的武宗时期，固然也有获得权势来实现自己的抱负的意思，但我们想更多的意思还是指找到一条自认为可以实现自我价值的路径，来安顿我们无处着落的灵魂。

显然，对于伟大的阳明来说，放浪形骸是比较初级的东西，安顿自我的灵魂那才是解决之道。阳明安顿自我灵魂的表现，就是提出了"致良知"命题。据《年谱》记载，在正德十六年（1521），此时阳明50岁，也就是在他平定宸濠之乱的第三年。经过数年身体和精神上的折腾，阳明此时正在江西南昌休养。也正是在这一年的正月，听说一路玩兴不减的武宗终于上个月回到了皇宫，阳明紧绷着的神经才松懈下来。仔细反思这段时间走过的路，觉得在这样纷乱的现实中生存下去，没有强大的内心真是不可想象的。

阳明早前虽然就有代表内心强大的"心即理"命题，但这一命题中赋予心以道德评判能力的内容始终成为他人批评阳明的口实。想想也是，社会现状如此恶劣，你还把这所有一切归结为心，你这明显就不是解决问题的态度，尽管你说的心就是处于本然或理想状态下的理。对于普通民众而言，我们不可能去体察阳明心就是理的本体意义，反正我们看到的是"心即理"命题把心和理的严格对等所导致的各种人心丑恶的表现。因为，如果把个体之心和理对等起来，每个人的心的境界都是不同的，更要命的是它不存在任何心理优势，如果再抛开外在的羁绊，那由它来指导日常行为，大多数情况下可能只是率性而为，甚至是肆意妄为。明武宗的荒唐行为可不就是率性而为、肆

———————————

①姜大成：《宝剑记后序》，见《李开先集》，中华书局1959年版，第825页。

意妄为吗？！

"致良知"概念就不同了，一是"良知"之外加一"致"字，它表明获得良知的方法或途径已经引起阳明的重视，起码相比较于"心即理"命题，这些在阳明那里开始成为一个问题。我们在后面还会具体谈到，这里就简单说一下。更重要的是在这一命题中，"良知"在儒家传统中的道德优势是非常明显的，它就具备道德评判的权利，也使得阳明的心学更具有较强的心理优势和优越感，外在的种种不如意都可以消解在形成的这种优越感中。《年谱》也说，经过宸濠之变后，阳明更加相信"良知"的精神超脱性。内心精神的强大也会使得我们在应对外在困难时更加从容不迫，也能更好地应对外在的困难，如生死、患难等。

起码从《年谱》的记载来看，宸濠之变与阳明"致良知"命题的提出有直接的关系。

二

"致良知"及其相关学说
提出的时间

　　既然阳明的"致良知"命题的提出它不是一个偶然事件，不是一时心血来潮的伟大创造，那它就有它的历史，它就有和其他范畴的关系的历史，它也就有在阳明话语体系下含义演变的历史，而这些都和"致良知"相关学说提出的时间密切相关。

　　不过说到时间，我们得先明白一个概念上的差别。就是阳明关于"致良知"的相关学说，它存在着"致良知"思想的基本形成和"致良知"这个明确命题的提出两个层次。

　　先来看一下比较好解决的，那就是"致良知"这一明确命题是什么时候提出的。然而即使是这一问题，也不是板上钉钉的事，它的结果也不是唯一的。

　　我们前面已经提到，据《年谱》记载，阳明"致良知"命题的提出时间是在他50岁时，也就是在正德十六年。当代学者陈来根据阳明与师友的书信记载作出考证说，阳明的"致良知"命题的提出应该要向前推一年，当在他平定宸濠之乱次年，阳明49岁时，才有短暂的三四个月时间暂居在江西虔州，阳明"致良知"命题的提出应该是在这一年，即正德十五年（1520）。这一年，阳明很忙。正月去了趟芜湖，二月又从芜湖回到南昌，六月又到了赣州，九月又回到南昌。也就是在六月到九月这段短短的三四个月的时间内，阳明提出了"致良知"的命题。

以上为阳明提出"致良知"明确命题的具体时间的两个不同说法，一个是正德十五年，一个是正德十六年。我们觉得这两个时间差别对于我们了解阳明良知的相关命题影响不大。不管是十五年，还是十六年，反正是"致良知"这一命题提了出来。这个时间上的差别对于"致良知"命题内涵也没有太大的影响。不过自陈来正德十五年说一出，学者们大都采纳了陈氏的观点，基本上放弃了阳明嫡传弟子钱德洪所编《年谱》中正德十六年的记载。看来，历史真相的探寻真是一个复杂的过程，可不是离历史事件发生越近的记录者就越有优势，即使是当事人有时候也会出现这样那样的错误。历史事实的清理，还需后人的努力。

我们可能会产生这样一个疑问，为什么阳明会在这么短的时间内能够提出于己于人影响都这么大的命题？疑问之余也可能会产生天才就是天才的宿命论式的感叹。想想我们整天枯坐在书桌旁费劲巴拉地也憋不出个啥新鲜玩意，真是货比货得扔，人比人得死。好了，对自己的感叹就此打住吧，对阳明的感叹还得继续。阳明是天才的感叹我们是应该有的，但"致良知"命题的提出则不能仅仅看作是阳明短短几个月酝酿的结果。它有它长期以来形成的思路和基础，这也就是关于"致良知"相关命题的另一个层次，即"致良知"基本思想形成的时间。

说到阳明"致良知"基本思想的形成，我们不可能找到一个具体的时间点，它是一个长期、持续的过程，我们只能说它是在某一个时期内，或者说某一个时间段内形成的。

要说这个时期或时间段的起点，那就是自从阳明龙场悟道，建立自己的心学时就已经开始，结束时期也可以看作"致良知"命题的明确提出，即正德十五年。严格一点讲，结束期还不能仅仅确定在正德十五年，因为自从阳明提出这一命题之后，这是他整个晚年极力强调和突出的思想，几乎成了他的一个口头禅，每一次解说要么是从新的角度，要么是有新的内涵，我们都可以看作阳明良知相关命题的新的发展，所以说这个时期的终结一直延续至斯人萎逝。

为什么阳明在没有提出"致良知"这一明确命题之前，就会出现有关"致良知"的相关论述呢？这也很好理解，这和我们在前面所论及的"心即理"命题的提出比较相似。在龙场悟道的具体内容中，阳明明确说明的只有"格物"说，"心即理"和"知行合一"这两大命题的明确提出时间都要晚于龙场悟道，但是通过阳明在龙场悟道后一段时间学说的梳理，我们一般认为龙场悟道所悟内容是包含这两方面内容的。"致良知"也是如此。可以说自龙场悟道后，阳明就陆陆续续地发表了一些与"致良知"相关的言论。

其实作为一儒者的阳明，经常提到良知那是非常自然的事情，这个词也不是他发明的。儒家经典《孟子·尽心上》中就记载了孟子的话："人之所不学而能者，其良能也。所不虑而知者，其良知也。"这里的"良"我们也尽可以理解为好的、优秀的意思，"良能"就是好的能力，就是不经过学习就已经先天具有的能力。"良知"就是好的知识，就是不加以思考就能掌握的认识。我们可能会比较疑惑，从你的解释中也没有看出"良能"和"良知"就具备了好的、优秀的意思，只是说先天具有的，你怎么就把"良"字作一般的理解成为好的、优秀的意思？提醒大家一句，孟子是性本善的倡导者，所有原始的或本来的东西都是好的、善的、积极的。果不其然，孟子紧接着这句话又说："孩提之童无不爱其亲者，及其长也，无不知敬其兄也。"敬爱亲者、长者，这该是具备了明显的道德褒扬的意味了吧？这就是阳明从孟子那里继承的理论遗产。即"良知"的"知"字一方面具有认知、认识的意思，但也有道德褒扬的意味，其道德优越性是非常明显的。

解决了"良知"的来源，那我们来看一下"致良知"的"致"来自何处。发展到阳明这里的"致良知"命题，它还有一条明显的发展轨迹，就是第三讲我们提到的《大学》中的"致知"。我们当时说在"良知"概念提出之前，阳明很多时候就是用"知"来代替"良知"，推其原意，"致知"就是"致良知"。

上面"良知"的内涵以及"致"的意思在《传习录》卷上记载的一段阳明与徐爱的对话中都有充分的体现：

> 知是心之本体，心自然会知。见父自然知孝，见兄自然知弟，见孺子入井自然知恻隐。此便是良知，不假外求。若良知之发，更无私意障碍，即所谓"充其恻隐之心，而仁不可胜用矣。"然在常人，不能无私意障碍，所以须用"致知""格物"之功，胜私复理。即心之良知更无障碍，得以充塞流行，便是致其知。知致则意诚。①

其中，前半段话主要是对良知的道德优越性作出说明。这里，阳明没有明确提出"良知"的称谓，而是用了"知"字。再接着往下看，"知"具备什么样的能力呢？看见父母自然知道孝顺，看见兄长自然知道恭敬，看见小孩落井自然有同情之心。这和孟子论述"良知"的思路如出一辙，这里的"知"也只能是"良知"，不可能是立场中立的认识或认知等意思。

后半段话就涉及了"致"的内容。提出了两种情况，一是如果能够保持良知的这种本来状态，只要任其展现，"充塞流行"就可以了。一是对于常人来说，良知在发用流行过程中经常遇到的弊病，就是为"私意"所阻碍或蒙蔽，那这就需要"胜私复理"这样一个祛除私欲而恢复良知本来状态的外在过程。这就是"致"的内容。

这段话是在阳明明确提出"致良知"命题前，这里的"良

①王阳明：《王阳明全集》卷1，《传习录》上，第6页。

知"和"致"分别来自《孟子》的"良知"和《大学》的"致知"，但从字里行间，我们又可看出此"良知"已非彼"良知"，此"致"亦非彼"致"。这里的良知更多地突出了它的道德优越性。这里的"致"更加突出"充塞流行"的手段。

这也就是阳明在明确提出"致良知"命题后，"致良知"命题的基本含义。

看来，在阳明明确提出"致良知"命题前，他已经分别把"致"和"良知"的含义表达完了，如同有的学者所说的已知宗旨，只是未为主张耳。阳明自己也说："吾良知二字，自龙场以后，便已不出此意，只是点此二字不出，与学者言，费却多少辞说，今幸见出此意，一语之下，洞见全体，真是痛快！"①这里阳明所表达的意思再清楚不过了，就是"良知"的含义我早就发现了，只是不知该如何称呼它。

我们需要注意的是，阳明所宣泄的情绪"真是痛快"。很像一个人苦思冥想，突然之间灵光一现，所有的疑问都解决了，压在心头的千斤、万斤重石突然一下子消失殆尽，很像找到了不可能找到的终极真理一样，从而表现出解脱、狂喜的情绪。对于圣贤的阳明而言，解脱就是解脱，狂喜就是狂喜，他心里跟明镜似的。但对于庸庸碌碌的我们，看到这些情绪宣泄时，会有一大堆问题涌上我们的心头，为什么阳明会出现这种情绪呢？他是故作高深呢？还是真的疯了？如果想解决这些问题，我们自然不能傻呵呵地、不知所以然地跟着阳明傻乐，还得按部就班地从"致良知"的基本内容和它在阳明心学中的地位说起。

---

① 钱德洪：《刻文录叙说》，见《王阳明全集》卷41，第1575页。

# 三
## 乐与别人分享的解脱、狂喜

首先，我们虽然不能一直跟着阳明傻呵呵地乐，但仍然觉得还是先来分享一下阳明的喜悦吧。

阳明对于发现"致良知"命题的喜悦，最有代表性的还是上面我们已经引述的钱德洪记载的阳明的话，请容许我们在这里把它补齐：

> 先生尝曰："吾良知二字，自龙场以后，便已不出此意，只是点此二字不出，与学者言，费却多少辞说，今幸见出此意，一语之下，洞见全体，真是痛快！不觉手舞足蹈。学者闻之，亦省却多少寻讨功夫。学问头脑，至此已是说得十分下落，但恐学者不肯直下承当耳。"又曰："某于良知之说，从千死百难中得来，非是容易见得到此。此本是学者究竟话头，可惜此理沦埋已久，学者苦于闻见障蔽，无入头处。不得已与人一口说尽，但恐学者得之容易，只把作一种光景玩弄，辜负此知耳。"[1]

阳明一股脑儿用了"洞见全体"、"真是痛快"、"手舞足蹈"、"学问头脑"、"十分下落"、"千死百难"、"非是容易"、"究竟话头"、"一口说尽"等等词汇，来表达他发现"致

---

[1] 钱德洪：《刻文录叙说》，见《王阳明全集》卷41，第1575页。

良知"后的解脱和狂喜的心情。

仔细分析一下，阳明对于其发现"致良知"命题的高兴心情主要表现在两个方面：一是学问终有着落之后的喜悦；一是自负情绪的宣泄。

先看学问终有着落。上面一段话中所提到的"学问头脑"、"十分下落"、"究竟话头"都属于这种学问终有着落之后的喜悦情绪的表露。在阳明看来，"致良知"这一命题不仅对于他而言学问有了着落的地方，对于所有的士人都是可以一生坚守和致力于发展的命题，因为它是自古以来的儒家学说的根本，是儒家学说的核心，是儒家学说的"飓风眼"。他一再宣称他平生所讲的，就是"致良知"三字，"致良知"才是他心学的根本旨趣。

很多时候，阳明对于学问终有着落的狂喜有点"得意忘形"。说他"得意忘形"，那是因为阳明作为一新时期的儒者的身份是毋庸置疑的，儒生要做什么？对于儒家传统学说的发展自是应有之义。除此之外，由于儒家和佛家、道家"三观"的根本不同，对于大多数儒生而言，持续地、猛烈地抨击或批评佛家和道家也是他们应尽的义务。虽然也频繁发生儒、佛、道相互借鉴、相互吸收等所谓的"合流"，普通儒生尽管会偷偷借用佛、道的理论或说辞，但一般都不会在正式场合表达对佛、道的好感，更不用说公开利用佛、道的理论或说法来说明自己的理论了。阳明则是这其中比较特立独行的一个。他为了说明发现"致良知"命题于他情感上的愉悦，就"口不择言"了。也许他翻检了所有的儒学话语词典，都没有找到一个可以表达他这种心情的词汇，不得不从佛典中借用了一个词，即"正法眼藏"。其实这也很好理解，现实当中的我们如果突然发现一个足以改变既有的"三观"，又足以支撑起新的"三观"的建设，那我们也会到处显摆，大肆宣扬，津津有味地、乐此不疲地让别人分享我们的果实的，至于分享对象是谁已经不是一个太大的问题。看来，阳明除了愿意和师友们以及后人，其中也包括当下的我们分享他胜利的果实，他也不介意与佛、道等这些所谓"异端"、"邪说"来分享他的胜利果实。

"正法眼藏"这个词汇出自佛典《景德传灯录·摩诃迦叶》，初始的意思就是佛法照耀整个宇宙，包含万物。在阳明这里就引申出了儒学的根本精髓所在。下面我们引一段阳明的原话，来具体看看他是如何利用"正法眼藏"来表达他找到学术着落的喜悦之情的：

> 区区所论"致知"二字，乃是孔门正法眼藏。于此见得真的，直是"建诸天地而不悖，质诸鬼神而无疑，考诸三王而不谬，百世以俟圣人而不惑！"知此者，方谓之知道；得此者，方谓之有德。异此而学，即谓之异端；离此而说，即谓之邪说；迷此而行，即谓之冥行。虽千魔万怪，眩瞽变幻于前，自当触之而碎，迎之而解，如太阳一出，而鬼魅魍魉自无所逃其形矣。尚何疑虑之有，而何异同之足惑乎！①

大致意思就是说，别小瞧了"致知"这两个字，它们正是儒学的根本所在。如果能够真正理解这两个字的含义和精髓，那就像《礼记·中庸》所讲的"立于天地之间做事而不会出现任何差错，向鬼神征求意见也不会出现任何疑问，与夏、商、周三代先王的做法相比较也不会出现任何背谬，即使是到了百年以后，待到圣人出现，圣人也得这样理解"。知道"致知"的含义，我们才能称其掌握了道理；真正按照"致知"的含义并实践的，我们才能称其为有德。不学"致知"，那就是异端；学说不以此为旨趣，那就是邪说；对于"致知"含义没有掌握就去行动，那也是盲目行事。即使世事变幻无常，就像千魔万怪在眼前不停地变幻，制造幻觉，只要掌握了"致知"，所有问题也会迎刃而解。就像太阳一出来，所有的鬼怪都会遁影无踪一样。只要掌握了"致知"，就不会有什么疑虑，也不会在面对不同时出现困惑！

阳明把"致知"看成儒学的根本。通过他对"致知"作用的描

---

① 王阳明：《王阳明全集》卷5，《与杨仕鸣·辛巳》，第185页。

述，我们可以看出，起码阳明在49岁以后把这一命题看成他的终极真理是没有疑问的。

阳明为表达其找到学术着落之后的喜悦之情，除了利用"正法眼藏"这一佛家用语来之外，他还使用了另一个佛家用语——"心印"。阳明说："这些子看得透彻，随他千言万语，是非诚伪，到前便明。合得便是，合不得便非，如佛家说心印相似，真个是试金石、指南针！""心印"在佛学语言体系中，是指不用文字和语言，直接以心度心的一种传授方法。阳明认为只要掌握良知，什么样的困惑到了良知面前都会原形毕露，不会产生任何困扰和迷惑。

除佛家用语外，阳明还借用了道家用语。他说："人若知这良知诀窍，随他多少邪思妄念，这里一觉，都自消融，真是个灵丹一粒、点石成金！"①"灵丹"、"点石成金"这些都是道家的用语。

正是由于阳明在发现"致良知"命题后，借用了佛、道的相关理论和用语来表达其学有着落之后的喜悦之情，后世学者在论述佛、道的发展史时，都把阳明作为明代中期一个比较典型的人物。我们觉得在阳明身上固然蕴含着佛、道的影响因子，但把他看作一个典型的佛、道人物，那就有点过了。其实，阳明本质上仍为一名儒者，至于他对于佛、道所表现出的热情，起码不冷淡，我们觉得他的出发点还是为了论证自己的儒学主张。同时也应该具体问题具体分析，起码在他利用佛、道理论和用语，来表达他找到学术着落的喜悦情绪的这一具体场景中，应该是他表达极度喜悦时的一种"口不择言"，而不是他对佛、道的信仰。

再来看看阳明自负情绪的宣泄。

其实，阳明的这一情绪表现是和找到学问着落的喜悦表现联系在一起的。在他眼中，大部分士人对此还是懵懵懂懂、浑浑噩噩的，并没有抓住儒学的根本。他在很多场合就说过这样的话，与其

①王阳明：《王阳明全集》卷3，《传习录》下，第93页。

比较亲密也比较看重的弟子薛尚谦（即薛侃）、邹谦之（即邹守益）、魏师孟（即魏良贵）等人的书信中就反复说过"从前儒者多不曾悟到"[1]、"自孔孟既没，此学失传几千百年"[2]等等的话。阳明认为他把"致良知"看作自己学术旨趣的根本，这就是找到了儒学的精髓所在。也正是出于这种认识，阳明认为自己掌握了真理，这是其他士人所不具备的，从而形成了他对其他士人的心理上的优势，因此，他表现得比较自负。在《书魏师孟卷·乙酉》中，阳明说：

> 致良知之外，无学矣。自孔孟既没，此学失传几千百年。赖天之灵，偶复有见，诚千古之一快！百世以俟圣人而不惑者也。[3]

这段话的前半段，阳明又一次强调了"致良知"为儒学根本，并且，孔孟之后的绝大部分儒者都没有意识到这一点。后半段则强调了他发现这一命题的独一性和突破性。说他发现这个命题也是靠上天的眷顾偶尔发现的，阳明自负的情绪是非常彰显的。

最重要的是后一句话，意蕴非常丰富。大致意思就是说，即使是到了千百年以后，待到圣人出现，圣人也得会这么认为。这里有两层意思，一层是说"致良知"的价值，这一点大概是没有疑问的。另一层意思比较隐晦，意思是说"致良知"命题自孔、孟之后，阳明通过灵光闪现重新发现了它的价值，其他士人都没有发现。这样，就把"致良知"命题打上了阳明的标签。明白了这层意思，我们再来看"百世以俟圣人而不惑"这句话的含义，它不仅仅是对"致良知"这一命题说的，更是对阳明所发现的"致良知"命题而说的。

阳明对发现"致良知"命题的自负，还来源于他发现这一命题

①王阳明：《王阳明全集》卷5，《寄薛尚谦·癸未》，第200页。
②王阳明：《王阳明全集》卷8，《书魏师孟卷·乙酉》，第280页。
③王阳明：《王阳明全集》卷8，《书魏师孟卷·乙酉》，第280页。

的过程。阳明在说明他发现"致良知"命题时，比较频繁地使用了灵光闪现、上天眷顾等之类的词，比这些词使用更为频繁的是"千死百难"、"非是容易"等词。确实，依靠良知自足所建立起来的强大的内心，让阳明度过了比较煎熬的许多岁月，因此，他的这一生命和心理历程可不是一般儒生对致知命题的泛泛而谈所能比拟的，这也是阳明之所以自负的另一个原因吧。

　　学问有着落也好，自负也罢，总之，阳明是幸福的，是高兴的。

　　分享了阳明的喜悦心情之后，我们就得对阳明之所以喜悦进行了解了，也就是"致良知"命题的内容。

# 四
# "良知"的内容：
# 是非之心、天理、圣、明德

先来看一下"致良知"这个短句的结构。这是动宾结构的句式。"致"是动词，求取、获得的意思。"良知"是名词，在这一动宾结构中为宾语。很显然，"致良知"就包含了两大内容，一个是"致"之方式和方法，一是"良知"的含义。相比较于"致"，"良知"更是一个核心词眼。对于它的内涵的了解，对于我们掌握"致良知"命题的含义是至关重要的，下面我们就来了解一下"良知"的含义。

在阳明的话语体系中，"良知"最为明确的定义就是是非之心。

这个理论也是从孟子那里发展而来。前面我们已经提到"良知"二字就是出于《孟子·尽心上》，我们这里再引述一下："人之所不学而能者，其良能也。所不虑而知者，其良知也。"在孟子的话语中，"良知"就是不加以思考或后天的努力就具备的认知能力，这说明良知具有先验性。由于孟子强调性善论，认为人的天然本性就是善的，因此，孟子强调恻隐、羞恶、恭敬、是非也是心本身就具备的素质，它们也是先验的存在。同样作为先验的存在，又同样是对人的心的本然状态的描述，那良知和恻隐、羞恶、恭敬、是非只能是等同的。难怪孟子在《孟子·尽心上》中说明什么是良能、良知后，紧接着就举出其可以代表恻隐、羞恶、恭敬、是非的实例来加以说明，即"孩提之童无不爱其亲者，及其长也，无不知敬其兄也"。就这样，在孟子那里，就已经把"良知"界定为心能感知是非，具备恻隐、羞恶、恭敬的素质。

阳明继承了孟子的这一做法，也强调"良知"就是是非之心。《传习录》中留下了多处这样的记载：

> 良知只是个是非之心，是非只是个好恶。只好恶就尽了是非，只是非就尽了万事万变。[1]

认为良知就是能够判别是非的心，是非的表现就是好恶。明白好恶就掌握了是非，掌握了是非也就穷尽了万物的变化。

当然，阳明并不是仅仅对于孟子"良知"说的继承，还有发展。在孟子的话语中，他更强调的是良知的先验性。而到了阳明那里，良知的另一个特性，即内在性又凸显了出来。在《传习录》卷下陈九川所录中就有这样一段记载：

> 尔那一点良知，是尔自家底准则。尔意念著处，他是便知是，非便知非，更瞒他一些不得。尔只不要欺他，实实落落依着他做去，善便存，恶便去。他这里何等稳当快乐！[2]

大致意思就是说，你的那点良知，正是你自己的准则。你的意念所到之处，正确的就知道正确，错误的就知道错误，不可能有丝毫的隐瞒。只要你不去欺瞒你自己的良知，真真切切地依循着你自己的良知去做，这样就能存善去恶。此处是何等的稳当快乐！你也就掌握了问题的实质，当然问题的解决也就不在话下了。阳明强调良知是心的本来存在的状态，同时也认为是非的道德法则不是外在

---

①王阳明：《王阳明全集》卷3，《传习录》下，第111页。
②王阳明：《王阳明全集》卷3，《传习录》下，第92页。

于人心，与本人无关的，而是内在于人心之中的。

通过阳明"良知只是个是非之心"的理论，我们可以总结出两条一般认识：一是良知具有道德评判的能力和优势；二是良知是内在于人心的。阳明在其他场合还有关于良知的不同说法，但所表达的意思大致不出这两条规定的内容。

阳明还有"良知是谓圣"的说法。《书魏师孟卷》说："心之良知是谓圣，圣人之学，惟是致此良知而已。"意谓如果一个人能够保持和遵循内心的良知，就可以称为圣人。要想成为圣人，那只要保有和遵循人人内心具备的良知就可以了。把良知等同于圣人，这就是说良知具有道德评判的能力和优势；"心之良知"就是说良知是内在于人心的。至于这一理论发展成人人胸中有良知，并在此基础上推导出的人人皆可成圣、人人皆可以为尧舜，从而遭到时人和后人的讥笑，也多是时人、后人和阳明的理解层次上出现了偏差。这是后话，暂且不表。

阳明还有"良知即是天理"的说法。这个看法可以从阳明良知就是是非之心的理论中推导出来。在宋明理学家那里，不管是程朱理学，还是阳明心学，天理所具有的道德评判意味都是非常明显的，在某种程度上，天理就是是非之心。既然良知是心之是非，那良知同样也可以成为天理。阳明关于良知是天理的说法还有一种考虑，就是既然是"知"，这一个词我们往往把它看作一个动作的过程，就是知觉、感知的意思。这样一个动词意味非常浓厚的名词，我们就不能简单地把它和天理这一个纯粹的名词完全画上等号。而天理又是一个理学家们耳熟能详的词汇，因此，天理又不能因为你阳明来迁就良知，这样就出现了一个死结。阳明揭开这一死结的办法就是在天理之前加上一个限定词，就是"昭明灵觉"，意思是指一种畅通无阻、无所滞碍的一种认知状态。这里，良知和昭明灵觉的天理都强调的是一种认知状态，那这也就为良知和有限定的天理画上了等号。至于我们前面提到的良知的道德评判能力和优势以及它的内在性，通过天理都又一次予以明确，因为，天理的道德评判能力和优势是毋庸置疑的，不仅在阳明那里，在程朱理学那里也是如此。内在性主要是通过阳明的"心即理"命题来表现的。也正是出于上述认识，阳明在《答欧阳崇》的书信中就说："良知是天理之昭明灵觉处，故良知即是天理。"①

阳明还有良知即明德的说法。我们说阳明在说明自己的心学时，非常注意借用儒家经典《大学》。这里，阳明在发明良知的含义时，又借用了《大学》中的三纲领之一，即"明明德"中的"明德"。明德的意思就是光明磊落的品德。这么好的概念，阳明是不会放着不用的。他在《亲民堂记》中就说，明德的本来状态就是人的天性本来就是至善的，不染一尘，听任这种至善的天性发展和流行；而这种明德本来的状态，就是良知。

说到这里，我们很容易会产生一种联想，阳明对于良知的界定怎么和我们在第二讲中阳明对于心的界定那么相似。没错，这种感觉是对的。

阳明在说明心的本来状态或者理想状态时，他就说过心之本体是知，而且这个知就是良知。这时，阳明又来界定什么是良知，阳明原先的这个理论就起到了过渡的作用。我们知道关于心之本体，阳明除了界定为知外，还有乐、定、至善、天理等等。那经过心这一概念的过渡，这些品性都可以用来界定良知。有的阳明确实这样做了，而且我们前面已经提到了，如至善、天理等；没有做的，也只是阳明没有这样的讲话场合，如果有这种场合的话，阳明是会明确提出的，这一点我们毋庸怀疑。

以上便是阳明所谓"良知"的主要内涵。

①王阳明：《王阳明全集》卷3，《传习录》下，第72页。

# 五

## "良知"之"致"的两大途径："率其本然"与"着实用功"

大致了解了"良知"的基本含义，我们知道它拥有道德评判的能力和优势，这是它的一大特性。良知虽好，但怎样才能求取呢？怎样才能让它来影响和作用我们现实的行为呢？这些问题显然就摆上了台面，提上了日程。也就是"致良知"的另一个大的问题，即"良知"之"致"的问题。

其实，通过前面的学习，我们也知道良知具有先验性和内在性。什么是先验性？就是良知的获得或求取是不虑而知的；什么是内在性？就是良知是内在于人心的，是人心本身就具有的。这里，就出现了一个问题，既然良知是人心本身就具有的，又不是通过后天努力就能够获得的，那还求取或获得个什么劲？就像有件东西本身就是我的，那我还为了获取它不断进行努力干什么？如果良知真像阳明所解释的那样，那就没有"致"的必要了。

确实，阳明的"致良知"命题在工夫论层次上存在着这种理论诱导，确实有向这方面发展的倾向，也就是有种排斥工夫论的倾向，也是后世学者所认为阳明具有"反智识主义"的倾向。

其实不然，阳明有关"良知"的界说，很大程度上是从本体论意义上来说的，我们也可以通俗地理解成是从理想状态上来说的。一个理论的理想状态固然只有一种，那流行和发用可不就是一种的问题了，它会遇到种种的突发情况。当然，其中有逆境也有顺境。因此，我们说本体论上的说明并不能代替工夫论上的意义。也因此，从工夫论意义上探讨阳明的"致良知"命题还是必要的，从中我们会知道，阳明也不是一根筋，他对于获得"良知"的途径和方法的考虑还是比较周全的。

不知大家注意到没有，我们在上面说到阳明发现良知的喜悦和阳明对于良知的种种界定时，都好像遮掩着一些东西。确实如此，很多引文我们只引了前半部分，或论述只论及相关部分，其实我们遮掩住的东西就是阳明良知之"致"的问题。有的因为阳明的话太过于紧密，我们无法拆开来进行引述，就比较完整地引用了。如前面已经引述的、保存在《传习录》卷下陈九川所录中的一段记载：

> 尔那一点良知，是尔自家底准则。尔意念著处，他是便知是，非便知非，更瞒他一些不得。尔只不要欺他，实实落落依看他做去，善便存，恶便去。他这里何等稳当快乐！

其实，这段话的前半段就是对良知的内在性和先验性进行了论述，这是我们在前面已经分析过的。而后半段便是涉及了获得良知的方法或者说良知的作用问题，表述就是"不要欺他，实实落落依看他做去"。这也是良知之"致"的一个方面，即"率其本然"。这种"率其本然"，便是阳明"致良知"的重要途径之一。

"率其本然"我们很好理解。既然良知是先验的，又是内在于人心的，那它的发用或者说产生作用，只要循着它本然的状态就好了，良知自然会知，只需要顺其自然就好了，不需要人再另外加上些东西。

当然，"率其本然"在不同的场合又有不同的表述，如在良知即是非之心的情况下，它就被表述成"自然"；在良知即天理的情况下，它又被表述成"自然"、"自会"等；在良知是明德的情况下，它又被表述成"粹然"；在良知即为圣的情况下，它还被表述成"自然"。看来强调遵循原始状态发用流行的"自然"一词，已经成为阳明描述"致良知"途径之一的"率其本然"的常用语。

既然求取良知的途径强调的是循着它本然的状态去发用流行，那这个过程就不是一个无中生有、对外积极开拓的过程，只是一个把本来就有的东西发挥出来的过程。因此，阳明具体描述良知"率其本然"的作用时，又强调一种较为内敛的方法。在这里，阳明对于"致"字的训诂往往为"充"的意思。阳明就说："即心之良知更无障碍，得以充塞流行，便是致其知。"①就是说只要能够去除阻碍良知发生作用的私欲，那良知就能够顺畅、无所阻碍地发生作用，这就是"致良知"的"致"字的意思。

有时候，阳明也把"致"字解释为"至"。他主要是基于这样一种考虑，我们可以把阳明"致良知"的过程比喻成走一段路，而这个路的终点已经确定，并且路线也已经设计好，你只要去走就行了，不需再探索走向和寻找终点了。"至"就是到达某个地方，在阳明的话语下，"至"并不仅仅是一个动词，它代表的是一个程度或状态的词，就是说它所强调的是到达一个极致、顶点或理想的状态。阳明把"致"解释为"至"，并强调达到一种极致、顶点或理想状态的意思，这就相比较于前面我们所提到的训"致"为"充"而言，它的限定性要更为明显一些。也就是说，人人都可以依自己良知行事并成为圣人的可能。但一个前提是把自己的良知扩充至极，扩充到它的理想状态。阳明说：

> 孩提之童，无不知爱其亲，无不知敬其兄。只是这个灵能不为私欲遮隔，充拓得尽，便完全是他本体，便与天地合德。②

意思就是说，小孩子没有不知道热爱他们的父母，没有不知道敬

---

①王阳明：《王阳明全集》卷1，《传习录》上，第6页。
②王阳明：《王阳明全集》卷1，《传习录》上，第34页。

爱他们的兄长的。这是因为，他们的昭明灵觉的良知没有被私欲所蒙蔽迷惑，可以彻底扩充拓展至极致。这样的情况就符合了良知是心的本然状态这一至理，也就与天地之德合而为一了。

我们应该注意到，阳明在阐释他的"良知"之"致"的"率其本然"的途径时，在很多时候都提到了"私欲"、"障碍"这些不甚和谐的词语，也就是说我们本可以按照最简单的方式来实现我们的"良知"之"致"，那就是循着我们内心本有的良知，任其发用流行，发挥到我们需要处理的每一件事上就可以了。但这条路是最简单但也是最不可行的，因为就是有了私欲的障碍，人们的良知往往是被私欲所遮蔽的，那这就需要一个去除私欲的过程。这也是阳明"良知"之"致"的另一个途径，即"着实用功"。

阳明在较多的场合，强调"致良知"的"率其本然"这一途径。但我们也应该意识到，阳明这里所描述的这一途径往往是在一种比较理想的状态下，在不理想的状态下，"致良知"的途径又是一个什么光景呢？同时，我们也应看到，在现实层面，这种不理想的状态是比比皆是的，占据着现实的绝大部分，理想的状态只是极少的一小撮。因此，阳明要想自己的学说使人信服、得以流行，这是他必须面对的一个问题。

阳明应对这个问题的办法，就是提出了"良知"之"致"的另一个途径，即"着实用功"。这个途径的主题思想就是阳明并不排斥现实的努力。

其实，如果我们稍有些耐心，把前面我们曾引的一段话引完，就可以看出阳明在很多场合也是把"致良知"的两个途径齐头并举的。如阳明说：

> 孩提之童，无不知爱其亲，无不知敬其兄。只是这个灵能不为私欲遮隔，充拓得尽，便完全是他本体，便与天地合德。自圣人以

下，不能无蔽，故须格物以致其知。①

如上述，前半段是对"率其本然"途径的描述。这里，我们需要注意的是后半段话，就是圣人以外的人是如何求取良知的呢？由于这些圣人以外的人，其良知肯定是被私欲遮蔽的，要想求得良知，必须通过格物以求取他们的良知。这里的"格物"，我们更应该理解成是程朱理学体系下的"格物"说，就是通过对外在事物的研习和探索来获得一定的道理或知识的意思，而不是阳明解释为"正心"的格物。看来真是，阳明在利用各种范畴时，他是比较"混乱"的，没有一个统一的标准，这也是后人觉得他的理论难懂、自相矛盾的原因吧。就像这个例子，如果我们把这里的"格物"理解成阳明花了一番大心思好不容易转化成的"正心"的意思，那就还是把良知的获得归结为心，而心之本体就是良知，这又把"良知"之"致"又转回到了"率其本然"的途径上，这和良知被蒙蔽前的情况一样，显然这不是阳明所要表达的意思。

阳明一般会在两种情况下并列强调"致良知"的两种途径，一是本然状态和非本然状态。我们也可以把它浅显地理解为理想状态和现实的大多数情况。

在本然状态下或阳明描述的理想状态下，只要循着良知去做，去发用流行，任其自然发展就可以了，这就是"率其自然"；在非本然状态下，或者说现实的大多数情况下，人心自有的良知是被物欲遮蔽的，那这时就要踏踏实实先做去除遮蔽在良知之上的物欲的工夫，这个工夫就是上段我们提到的阳明的"格物"。即通过对外在事物的研习和探索，来恢复我们内心本就具有的良知，这就是"着实用功"。阳明很多时候是从本然和非本然的状态下，并列提出"致良知"的"率其本然"和"着实用功"这两种途径的。这里，我们可以看出，虽然多从本体论上来阐释"致良知"的"率其

①王阳明：《王阳明全集》卷1，《传习录》上，第34页。

本然"的途径，但也并非眼睛只是望向天，没有注意到现实的状况，即现实中良知被物欲遮蔽的现实状况，对此则必须要用"着实用功"的"致良知"途径来加以解决。

阳明并列提出"率其自然"和"着实用功"的"致良知"途径，还有一种情况，即对圣人和凡人而言。圣人是能够始终保有自身内心就具备的良知的，因此，这些人"致良知"的途径就是"率其本然"；而凡人的良知往往为物欲所遮蔽，他们致得良知的途径只能是先去除物欲，以恢复本然状态下的良知，而这一个途径就是"着实用功"。

从上面的说明中，我们可以看出，阳明虽然强调了良知的先验性和内在性，它是伴随着心的产生就一直存在于人心之中的。但阳明也从来没有否定这一本然状态和现实的差距，许多现实状况是物欲蒙蔽了良知，这就需要通过向外的努力来恢复本心的良知。阳明对于"着实用功"的阐释，不仅像我们上面所说的往往是和"率其本然"并列，很多时候，他还会着重突出"着实用功"这一途径。

看来一些人批评阳明往往只注重反省内心，而不注重外在经验的积累，这些批评是站不住脚的，起码是比较片面的。当然，有批评就有反驳，另一些人在反驳这种批评的过程中，经常引用阳明《传习录》中的一段话：

> 良知不由见闻而有，而见闻莫非良知之用。故良知不滞于见闻，而亦不离于见闻。孔子云："吾有知乎哉？无知也。"良知之外，别无知矣。故致良知是学问大头脑，是圣人教人第一义。……大抵学问功夫只要主意头脑是当。若主意头脑专以致良知为事，则凡多闻多见，莫非致良知之功。盖日用之间，见闻酬酢，虽千头万绪，莫非良知之发用流行。除却见闻酬酢，亦无良知可致矣。[①]

反驳者的意见认为，阳明的意思就是良知并不是从见闻上产生的，

---

① 王阳明：《王阳明全集》卷2，《传习录》中，第71页。

这就说明了良知具有先验性、内在性，是生而具有的。但见闻这些人类种种的经验活动又都是良知发挥作用的产物，是良知发用流行的产物。因此，良知不局限于见闻，但也离不开见闻。阳明话语的意思就是"致良知"是做学问的关键，是圣人教人诲人的第一要义。一般而言，学问的功夫关键是要抓住核心问题。若专把"致良知"看成最关键的事情，那么，多闻多见无不为"致良知"的功夫。在日常生活中，见闻酬酢，虽千头万绪，也无不是良知的作用与流行。离开了见闻酬酢，也就无法"致良知"了。

由此看来，阳明不仅没有回避良知的获得与日常行为的关系，反而是极力突出人们的现实经验对致得良知的关键作用。

明白了这一点，我们应该对后人对阳明的批评有所警悟。每一种理论都有其价值，当然，也都有其缺点。不可否认，阳明关于"致良知"的途径确实存在着重视"率其本然"的理论倾向，对此，我们是否应该这样来看：一是就阳明"致良知"的理论内涵来看，他并不是仅仅强调"率其本然"的途径，如果我们稍有耐心或者不抱着先入为主的想法，阳明的"致良知"途径还包含着"着实用功"，也就是说，在阳明的这一命题下，他为向外的积极探索和日常事务预留下了足够的空间。很大程度上，后人对于阳明的批评，我们认为那只是后人的"一厢情愿"罢了。二是要历史地来看阳明这一理论倾向的社会背景。明朝中后期是一个明代历史乃至中国历史上一个重要的转型时期，这一时期固然有专制统治的松弛、思想的活跃、新经济因素的出现等一些我们当代人认为比较可喜的事物的产生。但摆在明人面前的远远不止这些，其中依着各种外在事物的变化，包括专制统治的松弛、思想的活跃和新经济因素出现等等而出现的，则是明人伦理道德的严重滑坡，起码这一现象在阳明的眼中是比较突出的。因此，他急切而又热切地提出以主体之"心"等强调个人修养的理论，来纠正时人利用外在环境变化为借口任由自我道德滑坡或沦丧的事实，这一点我们是应该明了的。只有明了这一点，我们才不会把阳明的理论置于我们的对立面，而作为一个典型的主观唯心主义的理论来进行纯粹的批判。况且，阳明对于自己学说体系的所谓"理论倾向"也不是一无所知的，他也在不同的场合对此作出了某些积极的修正和补充。下面我们将要谈到的，便是阳明"致良知"命题对于其"心即理"和"知行合一"等命题的巩固与修正。

# 六
# 必要的重构

俗话说，活到老，学到老。这句话对于圣贤的阳明来说绝对是一个切身的体会，而不是常人仅仅视作的一句口号。

阳明的心学发展到其49岁时，也就是他"致良知"命题提出之后，我们通过前面分享阳明喜悦和解脱心情的过程中，获知了就此他已经找到了一生坚守的学说和信仰。

但这里马上就有一系列新的问题摆在我们面前，为什么阳明会这样说呢？他说出这些话的内在逻辑是什么呢？以前的理论或命题真的就那么不好吗？为什么阳明不把它们视作一生所守呢？既然"致良知"是他一生所守，那以前的命题又该怎样处置呢？是置之不理，抑或是作出某些方面的修正？

其实，这些从不同角度提出的问题，归结起来也就两个问题。

一个就是我们前面就已经提出的问题，"致良知"命题究竟在阳明心学体系中处于什么样的位置？这里，我们如果再单纯从分析"致良知"的内涵来看的话，显然已经不能平复或者说服我们提出上述问题时的激动心情。那要从哪里着手呢？直接一点，就从"致良知"与阳明以前命题，包括"心即理"、"格物"说、"知行合一"等的直接比较谈起，看看"致良知"究竟是否包含了以上所有命题的内涵，是否能够在某种程度上避免以上命题的一些缺憾。总而言之一句话，"致良知"命题只要也必须完成以上的任务，我们才能真正理解阳明喜悦和解脱的心情，才能信服阳明所说的通过"致良知"命题的发现，他找到了他一生所守的学说和信仰。

另一个问题是，阳明既然找到了一生所守的学说和信仰，作为一个成体系的学说，他对以前的命题显然不能置之不顾，那他必定会作出某些改进或修正，以协调这些命题与"致良知"命题的共进共退，这些改进又在哪里呢？

我们说这是我们学习阳明心学时面临的问题，其实这也是阳明需要解决的问题。

在阳明"心即理"的命题中，心具有标准、准则的含义，还具有事物本源的意味，更为重要的是在阳明的话语体系中，他往往赋予心以道德意味，认为心具有道德评判的能力。

阳明于心所赋予的这三层含义，从总体上来看，非常明确。对于阳明来说，也没有任何问题，我们第二讲中已经说得比较多了。但对于阳明其时的人以及后人，包括我们，往往会产生这样的感觉，即这些心的含义往往是阳明所主观赋予的。阳明也进行了逻辑上的论证，但还是觉得阳明这些理论的主观色彩浓了一些。其实，我们出现这些印象也是正常的，因为阳明在论述"心即理"命题时，多是从本体上论述，多是就这一命题的理想状态上或者说理论状态上来说，很少从工夫论上来谈论。虽然面临着时人的追问，他又提出了"未发"和"已发"的区别，并提出了"拔本塞源"的这一多少有点点工夫论意义上的理论，但从总体上来看，阳明的"心即理"命题在工夫论上还是欠缺那么一块。

而"致良知"就不同了。在这一命题下，良知就是心的本然状态，心所具有的含义，良知都有。关键是"致"字，通过上面的分析，我们知道如何获得良知，或者说良知如何发挥作用这些工夫论上的问题，在阳明那里成为一个非常重要的问题了。其实对于"良知"之"致"工夫论问题的解决，也在某种程度上解决了"心即理"的工夫论问题。

还有，心在传统的语境中，往往代表着一种抽象的理解或形而上的认识，它在认识层次上确实要比具体的感知或感观要稍高一筹，但它并不具备任何道德优势，因为认识有好的也有坏的。而在阳明的话语体系中，他是把心强调为具有绝对的道德优势的，这一点也是时人所不太适应的。良知就不同了，"良知"这一词汇在历代的话语体系中的道德优势是非常明显的。这就使得阳明的心学理论更为稳固，论敌们不能再从心的道德属性上对其进行攻击了。

总之，"致良知"命题从良知的道德优势上和"致"的工夫论上都对"心即理"命题中的心的道德含义的模糊和缺少工夫论意义进行了改进。

下面，我们再看"致良知"对"知行合一"的调整与改进。

在阳明的"知行合一"命题中，往往是从工夫层面上来讲的，强调的是知与行的合一性。虽然阳明也注意到并且梳理了知与行同源于心的逻辑思路，而且也探讨了知与行的本体论上的关系，但在探讨知与行关系时，阳明对于他心学命题的核心——心这一基本范畴是比较忽视的。

并且，在知和行的关系上，阳明较多地强调知和行的同一性，认为知就是行，行就是知，没有脱离知的行，也没有脱离行的知，如果知道而不去践行，那就算未知。但在晚年，阳明提出了"致良知"命题，强调良知人人天然本有，"良知"之"致"的过程就是把良知贯彻到人的行为和实践的过程，在这层意义上来讲，阳明在"知行合一"命题下所说的知道而不去践行那就不是良知就不成立了，知道而不去践行，仍然可称为良知，也就是阳明所说的只是为物欲或私欲蒙蔽了，而这种情况所造成的损失怎么办？可以通过"良知"之"致"的"着实用功"这一途径来挽回。也就是说，阳明的"致良知"命题的提出，使得阳明不再仅仅盯着知和行的本然状态上看，而是充分注意到两者关系贯彻到现实所面临的种种突发情况，并且都对此提出了相应的解决办法，从而使得阳明的心学体系更为有说服力和理论更为圆融。

在"格物"说上，虽然阳明以"正心"来解释格物，从而把他的"格物"说安置在他的"心即理"命题上，对"格物"说提出阳明式的心学解释。但也和"知行合一"命题一样，在探讨格物时，阳明也是忽略了对于心体的关照。并且，虽然对于格物作出了心学解释，但终究所使用的词汇还是传统儒家们的"格物"词汇，这就导致阳明费了好多力气转换过来的向内的格物思路在面临传统语境时，顷刻间会完全被传统儒家代表向外积极探讨的格物含义所代替或湮没，真可谓出力不讨好。

也正是因为阳明心学版本的"格物"说，他那种向内的格物思路也给他带来了种种困扰。平心而论，阳明把传统语境下的向外探索的格物思路转化为向内的格物思路固然精彩，但这并不能说服我们内在的认识确实来源于外在实践的这一基本认识常识。

对于"格物"说所面临的窘境，阳明晚年的"致良知"命题都作出了一定的修正和补充。关于格物缺少心体的解释，"致良知"中的"良知"显然可以解决这一问题。关于"格物"词汇仍为传统儒学词汇并多代表向外实践的意味，"致良知"即使在传统语境中也多指向内求取的，其内在性是更为突出的。至于单纯向内的"格物"说与基本认识常识的矛盾，"致良知"一方面坚持致其本身的良知是根本这样一个思路，另外也承认确实存在致不得良知的情况下，需要向外求取，克除私欲，以恢复内心的良知。这就为向外接触和研究事物预留出了一定的空间。并且在梳理良知和代表外在事物的见闻关系时，也反复强调良知不是来源于见闻，但平时的所见所闻、世间的万事万物无不是良知发生作用的表现或场所，这就把主观的良知和客观的外在世界联系在了一起，既坚持了自己的原则和特点，也兼顾了基本的认识常识，极大地降低了心学遭受时人和后人非难的可能。

　　总之，正如陈来先生所指出的："知行合一虽为工夫切要，但未及心体。心外无理虽论心体，但非工夫。格物为正念头虽为反身工夫，终是缺却本体一截，而'致良知'本体、工夫一齐收摄，无怪阳明多次称之为'圣门之正法眼藏'。"①不仅如此，阳明还以"圣门之正法眼藏"的"致良知"的标准，重新审视了他早年或先前提出的诸多命题，并作出了或多或少的修正，从而重构了其心学体系。

---

① 陈来：《有无之境——王阳明哲学的精神》，北京大学出版社2006年版，第149—150页。

# 第六讲　四句教法

## ——一个导致王学后学分化的问题

此心光明——评说王阳明与《传习录》

　　阳明在其49岁时提出了"致良知"的命题，这时离阳明离世还有七八年时间。在这七八年时间内，阳明很忙。嘉靖元年（1522），阳明以平定宸濠之乱有功，又正值武宗朱厚照病死，他的堂弟世宗朱厚熜即位，各种机缘凑合在一起，阳明在这一年升任南京兵部尚书，并被封新建伯。同年，为他提心吊胆操了一辈子心的老父亲去世。次年，他在家为父守丧一年。嘉靖三年（1524）到五年（1526）这三年时间，阳明都在越讲学。嘉靖六年（1527），他又被任命提督两广及江西湖广军务兼都察院左都御史，去征讨广西思恩、田州的叛乱。嘉靖七年（1528），在平定了思恩叛乱之后，重病缠身，当年11月卒于福建南安。对于"致良知"命题，阳明自己也说他找到了一生所守的学术宗旨，至此，我们应该说阳明的心学体系从理论或逻辑上来讲已经构建完成。也正是由于阳明"致良知"命题提出的时间是处在他生命的晚期，并且他也自言是其一生学术所守，因此，后世学者往往认为阳明在其晚年找到了他一生所守的学术宗旨。这样的论断大致是没有问题的。

但这里我们需要注意的一点是，一个学说的内涵是非常丰富的。大体看来，它的基础部分应该包含两方面内容，即学说的构建和学说的传播。这是两个联系紧密又相对独立的过程。"致良知"命题的提出，我们只能从某种程度上说，标志着以阳明为主体的心学构建阶段从理论或逻辑上来讲已经基本完成。请注意我们的措辞，这一认定只是限于理论或逻辑上。事实不用说也知道，阳明的心学体系构建肯定还远没有结束。而这种构建过程又往往和传播过程纠缠在一起，还是需要一定时日的。这不，在征讨广西思恩、田州少数民族叛乱的前夕，关于"致良知"的方法，面临着学生的追问，阳明又提出了"四句教法"。更为重要的是，阳明基本上采取一种折中的方式对"四句教法"进行了解释，但存在于他学生中间的纠纷并未就此结束，而是随着阳明的离世，渐渐导致了阳明后学的分化，出现了后世学者所谓的"左派"和"右派"的划分。两派对于阳明心学的继续发展都产生了重要的作用，特别是对阳明心学内涵的丰富方面起到了促进作用，此所谓好上加好、锦上添花、精益求精。但作为一个学术团体，由于内部的矛盾的显化，确实对于学术之外的人而言，代表着公信力的削弱。因此，也从一个侧面制约了阳明心学作为一个学派的发展。总之，"四句教法"的提出及其相关讨论，对于阳明心学的构建和传播可谓喜忧参半。

# 一

## 1519—1527：
## 那一段并不消停的顺境

从正德十四年（1519）到嘉靖六年（1527），是阳明晚年人生的一段顺境。一则正德十四年（1519）平定宸濠之乱和次年"致良知"命题的提出，成就了阳明的内圣、外王之业，使得他已然成为世人心目中活着的圣贤。也正因此，当嘉靖六年广西出现思恩、田州叛乱时，世宗皇帝很自然地想到了这位活着的圣人，任命他为提督两广及江西湖广军务兼都察院左都御史，率军出征平叛。二者借助于内圣、外王之功，阳明的学说在这一时期也得到了进一步的传播。然而，即使是这样一段人生的顺境，也难以使阳明得到消停，其中既有朝中小人的陷害，也有朝廷对其学说的迫害。

阳明的晚年，一直在一些官衔比较低的官职上徘徊，即使这样惨淡的状况也是难以维持的。因为对于志向高远的阳明而言，明代中期污浊、肮脏的政治氛围让他身心俱疲，使他经常面临明枪暗箭，因此，他还不得不时常被迫得告病还乡。还有，即使赋闲在家主要从事心学体悟和传播，也是面临这样那样的困难，因为他所面临的学术思想的对立面，是已经成为统治意识形态程朱理学，时常遭受朝廷的打压也就很自然了。

但一件事情的发生，使得阳明面临的一切困境都改变或有所改观了，那就是发生在正德十四年（1519）的宸濠之乱。宸濠之乱的爆发为阳明及其心学带来了转机。虽然经过了明武宗朱厚照主演的闹剧，阳明平定宸濠之乱的功劳在名义上被作为九五至尊的皇帝抢占或剥夺了。但公道自在人心，从长远效果来看，这不仅没有影响到或者削弱阳明在平定宸濠之乱中的功劳，而且使得阳明平定宸濠之乱的事功具有某些传奇色彩。你想，阳明得建立了多大的功劳啊，值得皇帝去和他争抢。循着这种思路，阳明可以说通过宸濠之乱积聚了超高的人气，这对他的政治处境和心学的传播都产生了积极的影响。

比较适时的是，在平定宸濠之乱的次年，阳明又发明了"致良知"命题，找到了自己一生所守的学术宗旨，这不仅梳理、总结了阳明心学的早前发展思路，而且使得阳明心学体系在理论上更为圆融，对于自己的学说也更加自信。再加上阳明早前对心学早前虽屡禁而不止的坚持，总之都使得阳明心学的建设和传播在这一时期取得了突破性的发展。

在平定宸濠之乱和"致良知"命题提出后，阳明无论是在事功上，还是在学术上都取得了突破性的发展，他的个人影响力急速蹿升，成为当时士人心目中的偶像，活着的圣人。我们知道，成圣成贤那几乎是所有士人人生的终极目标，但此事说说可以，做起来着实困难。什么是圣人？一个显在的标准，就是能够达到内圣外王的境界。

何谓内圣？通俗一点讲就是修身养性，加强自身德性修养，这是它的基本内容。同时在形式上，要在前人关于德性修养论的基础上提出自己的认识和作出一定的践履，要自成一家。不然的话，人云亦云，亦步亦趋，和普通人一样，就不具备任何道德上的优势，因此也就没有成"圣"的资格。阳明建立了自己的心学体系，虽然有继承前人的成分，但其突破性也是非常明显的。从这一点上来讲，阳明起码从形式上具备了成为圣贤的资格。从阳明心学的内容来看，他认为包含道德标准的理是先验地内在于人心中的，突出了主体之心的作用，包括能力和责任，这从本质上也说明了阳明心学就是这样一门强调德性修养的学问，这也是我们认可阳明把成为圣贤作为自己一生奋斗的目标，也认为他确实已经成为圣贤的一个原因。总之，阳明在内圣方面是没有亏欠的。

何谓外王？总体意思就是对现实社会产生了积极的影响和作用。这又大致有两种途径，一种通过把自己体悟的德性知识或理论贯彻到现实社会，对于现实社会的精神道德方面产生了非常重要的影响；一种就是利用自己所具备的内圣素质，在现实社会亲身建立一番功业。两种途径相比较的话，后一种途径往往是外王的基本内容，为大多数士人所认可，前一种途径往往是一种退而求其次的妥协而已。因此，儒学的开山鼻祖孔子由于建立了对整个中国古代社会影响深远的儒学而被称呼为"素王"，就是因为孔子并没有在现实社会建立一番功业，也只能以无冕之王相称。反观阳明，平定宸濠之乱的现实事功，可以说是起到了以一人之力挽明皇朝于既倒的作用。在古代社会，还有比这更大的事功吗？因此，在明代士子的心目中，阳明就是活着的圣人。

对于圣人，普通士子们还能做什么？那只有崇拜和追随的份了。确实，阳明的圣人身份，对他的学说的传播产生了极其有利的影响。也就是在他平定宸濠之乱后的一段岁月内，阳明心学的传播事实上在民间得到了极大的扩张，特别是在他一生发生转机的江西更是如此。正如吴震先生所言："这是阳明弟子不断增多，其思想影响也得以不断扩大的一个重要时期。"[1]

但这里还有一个不好的消息。在阳明心学于地方上渐渐形成气候时，这引起了朝廷的注意；而被正处于走下坡路、一切都陷入

---

[1]吴震：《王阳明著述选评》，上海古籍出版社2004年版，第14页。

混乱的明皇朝引起注意，绝对不是一件好事。况且，阳明的心学体系本来就是站在已经成为统治意识形态的程朱理学的对立面，那其在朝廷那里不招待见和遭受打压也就是顺理成章的事了。嘉靖三年（1524），礼科给事中章侨就上奏参了阳明一本。

礼科给事中，官衔很小，才正七品，但权力很大，皇帝发布的圣旨要经过他们的审核，他们如果认为不行就可以退回，重新起草或修改。而且负责督责中央各部门尽快办理皇帝交代的任务并由他们考核，官员的年终考核也由他们掌握。在明代政治斗争非常激烈的时期，经常闪现他们忙碌的身影，成为各党各派力争的一支重要力量。让他们盯上，不死也得脱层皮。而且这帮人虽然权力很大，却官衔很小，现实中升迁的机会比较渺茫，通过正常的仕途升迁以光宗耀祖、扬名立万是不太可行的，由此他们中的大多数往往心理畸形。于是乎，整人便成为这些人自认为可以光宗耀祖和扬名立万的途径。整也不整一般的人，整一般的人也引不起轰动，要整就整名气大的人，那些在社会各个领域，包括政治、文化等领域出现的新星，自然也就成为他们的整治对象。

此时在政界和学界都顺风顺水的阳明，理所当然地进入了他们的视野。但政界的成就是不太敢动的，因为阳明平定宸濠之乱的事功，大部分士子是比较认可的，如果批评阳明，从这一事情说事，只能自讨没趣，不仅不能扬名立万，很可能会招来骂声一片。整是必需的，那就从阳明心学有违官方意识形态处开刀。且看章侨的奏言：

> 三代以下论正学莫如朱熹，近有聪明才智足以号召天下者，倡异学之说，而士之好高务名者，靡然宗之。大率取陆九渊之简便，惮朱熹为支离。[1]

---

[1] 《明世宗实录》卷19，台湾"中研院"历史语言研究所1962年版，第568—569页。

要说这个章侨给事中栽赃却有一手，明明是自己想通过批评阳明而出名，却批评阳明及其追随者"好高骛名"。当然，我们也不能仅把这些给事中看成是一些道德败坏、心胸狭窄的人，他们的文字功底和察言观色的能力还是相当了得的。他们很清楚作为一个想扳倒阳明从而自己扬名立万的奏疏，它的重点应该在哪里。这个奏疏是给皇帝看的，目的是说服皇帝听取自己的意见。那皇帝最关心的是什么？就是他的千秋大业，任何威胁到这一点的都是他不允许的。公然的造反或对皇权产生质疑的行为自不必说，即使是对皇朝所极力提倡和宣扬的意识形态进行一些学术上的争鸣，那也是要禁止的。这里，给事中章侨就利用了这一点，开首即对明朝奉为统治意识形态的程朱理学大加赞扬。紧接着笔锋一转，说近来有些人偏偏对此提出了质疑，更为重要的是这个人的聪明才智足以号召天下，这绝对不是对阳明的褒扬。在古代帝王那里，如果"天下"这样的词眼不是和帝王联系在一起，那就意味着造反。给事中章侨的意思非常明确，这个人不仅对明朝奉为官方统治意识形态的程朱理学提出了公然的挑战，而且这个人的能力是能够号召天下的，那皇帝您要小心了，要让这个人得势，您的皇位可就危险喽。这样的意思对明世宗朱厚熜是很有杀伤力的。

本来明世宗朱厚熜以明武宗朱厚照堂弟的身份入主紫禁城，本来自己心里就觉得低其他皇帝一等，而这种以皇族外藩的身份却被一些食古不化的大臣们所利用。如在朱厚熜入京的当口，大臣们希望他以太子身份继位，谁的太子？就是明武宗朱厚照父皇孝宗朱祐樘的太子。这对于一直处于皇族权力中心、享受优渥待遇的一般皇族成员可能没有什么，但对一直生活在湖广安陆（今湖北钟祥）这一偏远地区，并且姥姥不疼舅舅不爱的朱厚熜而言，那心理冲击就比较大了。人都是比较实际的，我没有从你孝宗那获得好处，我凭什么给你做儿子。这是其次，更重要的是，我们认为朱厚熜所表现出来的激烈的反对态度，主要还是出于他的自卑心理，往往自卑的人并不是低下头去当孙子，而是基本上以一种对外张扬、强大的面目示人，以掩盖自己脆弱的心灵。心灵脆弱的朱厚熜在此时亮出了坚硬的外壳，不惜以不继承皇位威胁，大臣们也只得灰头土脸地妥协了。但这一个过程确实把朱厚熜折腾得够呛，皇帝和大臣们也因此结下了梁子。朱厚熜真正登基坐稳了皇帝宝座之后，大臣们又提出了过分的要求，让他称孝宗为父皇，自己亲生父亲兴献王只能称为皇叔考，也就是叔叔的意思。要说这帮大臣可真是执着啊，在明世宗朱厚熜看来，你们让我做皇帝的代价就是让我不能认自己的亲身父亲，从本质上来讲就是让我当皇帝，你们是一万个不愿意呗。要说人还是就事论事比较好，就怕联想，一联想起来那就没边了。但不幸的是，心灵脆弱的明世宗朱厚熜就确实这么联想了。这便是明朝历史上著名的"嘉靖大礼议"，客观结局基本上是明世宗朱厚熜取得了胜利，可以认自己的亲生父亲了。却也从此造成了皇帝和大臣的隔膜和相互不信任。性灵脆弱的明世宗朱厚熜处处提防着这帮大臣，每每遇到一丁点异样的事情，他都控制不住地向这是质疑我当皇帝的方面去发散思维或作联想。

要说给事中章侨真是人精！这个整天搬弄是非的长舌妇非常明白"擒贼先擒王，打蛇打七寸"的道理。于是乎，明世宗朱厚熜大笔一挥，一道圣旨下达了，"自今教人取士一依程朱之言，不许妄为叛道不经之书，私自传刻以误正学。"①你阳明心学不是站在程朱理学的对立面吗，那我就偏偏提倡程朱理学，你以后再胡说，都是属于"叛道不经"，并且朝廷所控制的科举考试，答卷内容和评分标准都以程朱理学为准，看看还有多少士子愿意追随你，学习你的心学。

不过明世宗朱厚熜的即位，总体上来说对于阳明还是利好的。虽然在学术上，明世宗朱厚熜对阳明百般打压，后来在阳明死后还

---

① 《明世宗实录》卷19，第569页。

出现了因为学术问题而剥夺了阳明的爵位的事情。这是后话，暂且不表。但明世宗朱厚熜的即位确实为阳明的仕途带来了转机。分析其原因，大致有这么两条。

一是与阳明争功的武宗已经作古，明世宗朱厚熜即位，由于他是以堂兄弟的身份继承皇位，他和武宗的血缘关系比较疏远，相对来说，他就不需要为武宗的一些所作所为开脱。也正是世宗朱厚熜的这种特殊情况，他对阳明起码不存在继续打压的义务。另外，由于后来一些大臣往往把世宗朱厚熜和武宗以及武宗的父皇孝宗皇帝生拉硬扯地凑合在一起，世宗很是反感，为了说明自己与武宗没有多大关系，那武宗生前做的那些事往往成为世宗说事的理由，他都那样了，我还要和他一样，你们会愿意吗？因此，对于武宗的所作所为，世宗很多时候都是采取否定的态度，对于武宗争夺阳明的平定宸濠叛乱的功劳世宗也是这么做的，他肯定了阳明在平定宸濠之乱中的功劳。再说了，阳明的功劳在大多数士子心目中其实都是肯定的。肯定阳明的功劳和军事才能，既撇清了与武宗的关系，又顺应了大多数士子们的意愿，何乐而不为呢？

另一条原因就是，放眼中后期的明朝，经过宸濠之乱，也确实是大浪既能淘沙，也能淘金。阳明的果断勇武和朝廷一帮废物的慌乱怯懦形成了鲜明对比。要论军事才能，阳明确实是世宗所知道的人中翘楚。对世宗来说，危难时刻，哪还顾得上管那些学问是否正统的事情，还是先应付眼前直接威胁统治的武装叛乱吧。

正是在这样的认识前提下，面临广西思恩、田州的叛乱，嘉靖六年，明世宗任命阳明提督两广及江西湖广军务兼都察院左都御史。虽然提督一职在世宗时期是暂设的，往往是针对一些比较特殊的情况专门设立的，特殊情况结束，可能这一官职随之撤销，但这一暂设的官职权力是很大的。此外都察院左都御史这个官职是具有实质意义的，这是明朝常设的一个官职。都察院的职责是负责监督，其下设有左、右都御史，都是正二品。古代军队出征，往往有我们俗称的监军，这里左都御史就是监军，很像现代军队建制中的政委。综合起来，阳明在这次平定思恩、田州的军事行动中，既是司令员，又是政委，这件事情的解决就你阳明说了算。

确实，晚年阳明的仕途因此迎来了转机，权力也达到了顶峰，学术上也找到了一生值得厮守的学术宗旨，学说的传播在事实上也取得了很大进展。但不顺心的是学说一直得不到朝廷的认可，不仅如此，还往往作为打压的对象。更闹心的是，在传播的过程中，阳明心学内部也出现了问题，即对于"四句教法"的不同理解。而让阳明没有想到的是，正是由于对"四句教法"的不同理解，最终导致了王学后学的分化，即出现了"左派"和"右派"的划分。

# 二

# 天泉证道：三种不同的说法

我们上面说的促进心学发展又导致王学分裂的"四句教法"，是依托于阳明与弟子钱德洪、王畿共同构成的"天泉证道"这一历史事件。因此，逆向思考，我们要想了解阳明的"四句教法"的内涵及其在其心学体系中的地位、作用，那就要深入了解一下"天泉证道"的历史经过。

关于天泉证道的记载，大致有三个版本，一个是当事人王畿在《王龙溪文集》中的记载，一个是另一位当事人钱德洪在其整理和审定的《传习录》中的记载，还有一个是在钱德洪和王畿共同编著的《阳明年谱》中的记载。三者互有不同程度的出入。

一般而言，对于天泉证道的经过，《传习录》卷下记载得最为详细。这段记载很长，但反映的内容也很丰富，并且我们关于"四句教法"的了解也主要通过这段记载的分析得来的。可以说，这段话是我们有关本讲的核心史料。敬请朋友们见谅，为了对比三种文献不同的记载，也为了在这三种不同文献记载中尽量用不偏不倚态度来分析阳明"四句教法"的本来含义，虽然这段话很长，我们还是要把它照录如下：

丁亥年九月，先生起，复征思田，将命行时，德洪与汝中论学。汝中举先生教言："无善无恶是心之体，有善有恶是意之动，知善知恶是良知，为善去恶是格物。" 德洪曰："此意如何？"

汝中曰："此恐未是究竟话头。若说心体是无善无恶，意亦是无善无恶的意，知亦是无善无恶的知，物是无善无恶的物矣。若说意有善恶，毕竟心体还有善恶在。"

德洪曰："心体是天命之性，原是无善无恶的。但人有习心，意念上见有善恶在。格、致、诚、正、修，此正是复那性体功夫。若原无善恶，功夫亦不消说矣。"

是夕侍坐天泉桥，各举请正。

先生曰："我今将行，正要你们来讲破此意。二君之见，正好相资为用，不可各执一边。我这里接人，原有此二种。利根之人，直从本原上悟入，人心本体原是明莹无滞的，原是个未发之中。利根之人，一悟本体，即是功夫。人己内外，一齐俱透了。其次不免有习心在，本体受蔽，故且教在意念上实落为善去恶，功夫熟后，渣滓去得尽时，本体亦明尽了。汝中之见，是我这里接利根人的；德洪之见，是我这里为其次立法的。二君相取为用，则中人上下皆可引入于道。若各执一边，眼前便有失人，便于道体各有未尽。"

既而曰："已后与朋友讲学，切不可失了我的宗旨。无善无恶是心之体，有善有恶是意之动，知善知恶是良知，为善去恶是格物。只依我这话头随人指点，自没病痛，此原是彻上彻下功夫。利根之人，世亦难遇。本体功夫一悟尽透，此颜子、明道所不敢承当，岂可轻易望人？人有习心，不教他在良知上实用为善去恶功夫，只去悬空想个本体，一切事为俱不着实，不过养成一个虚寂。此个病痛不是小小，不可不早说破。"

是日德洪、汝中俱有省。①

我们在前面已经多次说了，在嘉靖六年（1527），阳明被任命提督两广及江西湖广军务兼左都御史，负责平定广西思恩、田州的少数民族叛乱。需要补充说明的是，阳明也推脱了一下，但没有得到朝廷的批准。在当年九月即将启程的当口，他的弟子钱

①王阳明：《王阳明全集》卷3，《传习录》下，第117—118页。

德洪和王畿对于他平时提出的"四句教法"在理解方面产生了分歧，于是赶紧向阳明请教。师徒三人相互切磋于越城的天泉桥，从而出现了《传习录》中记载的这么一段话。

抛开涉及"四句教法"内涵的内容不说，这点我们会在以后的篇章中作重点分析，单就天泉证道的历史内容而言，《传习录》中的这段记载主要包含了以下几点重要内容：

其一，阳明在其晚年提出了"四句教法"。

也就是文中所说的"无善无恶是心之体，有善有恶是意之动，知善知恶是良知，为善去恶是格物。"

其二，钱德洪和王畿对于"四句教法"内涵的理解产生了分歧，并向阳明请教。

钱德洪首先向王畿提问：你怎么看阳明先生的这些话？王畿，字汝中，号龙溪，文中的"汝中"就是指他。王畿说：这些话，阳明先生可能没有说完全。钱德洪不同意，认为这句话就是阳明先生的定论，接着又按照阳明的"四句教法"重新解释了一番。这样两者就"四句教法"到底是阳明的定论还是暂且的一种说法产生了争执。由于阳明马上要出征广西，当天下午，两人就把自己对"四句教法"的理解向阳明阐释了一遍，请提出这一教法的阳明本人予以指正。这就是文中所说的"各举请正"。

其三，阳明首先采取了折中的方法来调和两大弟子的分歧。

对于钱德洪和王畿有关"四句教法"的理解所产生的分歧，阳明是采取了折中的方法，认为都有价值，都是正确的，两种见解的关系是相互补充、相互为用的，切不可偏执一方。这两种见解都是阳明"四句教法"本身应具有的意思。

其四，阳明接着又发表了好像偏向钱德洪的言论。

据钱德洪的记载，阳明关于钱德洪和王畿的分歧并不是仅仅采取折中的方法，也不是给予各有千秋的评价，最后一段的抄录则是有点偏向钱德洪的意思。这主要体现在两个方面，一是借阳明之口再次申明"四句教法"就是阳明的宗旨，而不是权宜之计，这和钱德洪的认识是一致的。也就是文中说的"四句教法"就是阳明治学的宗旨，只要根据这"四句教法"去教人，就不会出现任何问题。这是一方面。另一方面是说王畿理解的"四句教法"本来也是阳明"四句教法"的应有之义，主要是针对天资比较高的人来说的，对于这些人，就可以采取直悟本体的方法来教导，也就是说不经过外在的万事万物上的磨炼，参透了事情的本原就可以了。这种直悟本体的做法本身也包含着工夫。但这些天资比较高的人是极少的，就是颜回和程颢这样的圣人一般也不敢自诩是天资极高的圣人。世间的人绝大部分还是一般的、普通的人。这些人的心体都是受到欲望遮蔽的，如果不教导他们通过实际事物上去做为善去恶的工夫，只去悬空地追求本体，那只会养成虚空静寂的坏毛病。很显然，在钱德洪的记载下，阳明认为天资聪颖的人并不多见，更多的是一般、普通人。那王畿对于"四句教法"的理解的适用范围要远比钱德洪对于"四句教法"的理解小得多。从中，也可以看出阳明对钱德洪的说法是比较认可的。

这就是钱德洪有关天泉证道的记载，也只能是钱德洪的记载。

另外一个当事人王畿对天泉证道也有记载。

从现在保存于《王畿集》中的王畿对于天泉证道记载来看，他和钱德洪的记载有同也有异。

总体来看，对于钱德洪记载的天泉证道，我们在前面已经总结出四个知识点。其中，前三点都和王畿记载的天泉证道内容没有大的出入，王畿所记无非也就是"四句教法"是阳明晚年提出的、钱德洪和王畿本人对"四句教法"的理解产生了分歧并向阳明请教、阳明对于两人的见解采取了折中或者说居中调停的态度。当然，在一些细节上也有一些出入，但都无关宏旨。如关于"四句教法"在钱德洪的记载中，王畿认为不是"究竟话头"，也就是阳明"四句教法"表达不是完全和彻底的意思。王畿的记载是"定本"，就是定论的意思。其实这两种表达只是措辞不同，本质意思是一致的。又如关于王畿对于阳明"四句教法"的理解，在《王畿集》中的记载就要比《传习录》中的记载详细得多，但对把"四句教法"作为阳明的定论提出了质疑。再如，阳明对于王畿和钱德洪有关"四句教法"的理解，也基本上是采取折中调和的方法。认为他的教法本身就有两种，一种是四无之说，主要针对天资聪颖、不学而能的人准备的；一种是四有之说，是为普通大众、一般人所准备的。虽然这里更明确地提出了王畿的"四无"和钱德洪的"四有"的说法，但阳明对王畿和钱德洪说法居中调和的意思是大致不差的。

钱德洪和王畿有关天泉证道的记载出现分歧，主要是在我们前面所说的第四点上，就是阳明在王畿和钱德洪有关"四句教法"的理解中更倾向于哪一个的问题。前面我们已经提到，在钱德洪的记载中，他认为阳明是倾向于他的观点的。不用说大家也明白，那在王畿的记载中，王畿也认为阳明是比较倾向于他的观点的。且看王畿是怎么记载的。王畿在《天泉证道纪》中记述了阳明对于钱德洪和王畿的说法调和、折中了一番之后，接着说：

> 汝中所见，我久欲发，恐人信不及，徒增躐等之病，故含蓄到今。此是传心秘藏，颜子、明道所不敢言者。今既已说破，亦是天机该发泄时，岂容复秘？然此中不可执着。若执四无之见，不通得众人之意，只好接上根人。中根以下人，无从接授。若执四有之见，认定意是有善有恶的，只好接中根以下人，上根人亦无从接授。但吾人凡心未了，虽已得悟，仍当随时用渐修功夫，不如此不足以超凡入圣，所谓上乘兼修中下也。汝中此意正好保任，不宜轻以示人。概而言之，反成漏泄。德洪却须进此一格，始为玄通。①

和前面的思路一样，文中阳明也表达了若执四无之见和若执四有之见都会出现一些弊端，认为两者要交相为用，不能偏执一方。

①王畿：《王畿集》卷1，《天泉证道纪》，吴震编校整理本，凤凰出版社2007年版，第2页。

但从字里行间，我们可以看出王畿记载的阳明的话是偏向他的。如这段话的开首表达的意思就是王畿所说的"四无"说法是阳明一直想说而没说的，或者是不敢说的，恐怕引起纠纷或造成思想的混乱。他把王畿的"四无"说看成"传心秘藏"，也就是这个真理只可意会不可言传，知道就好了，不要让其他人知道。他还把此看成是"天机"，一般天机就是指天的启示，是先验存在的，它的高尚性和优越性就不言自明、不言而喻的了。从这层意义上来讲，阳明对于王畿的"四无"说是高看一等的。再有王畿的"四无"说是适用于"上根之人"，是针对那些天然具备良知、良能的群体而言的，而钱德洪的说法主要适用于"中根以下人"，是针对基数庞大的芸芸大众而言的，两种教法并不是平等的，阳明是比较认可王畿的"四无"说的，认为王畿的"四无"说境界比较高一些。再有，当然这一点是和阳明认为王畿的"四无"说要高钱德洪的"四有"说一等这一认识以及他的折中调和的做法是密切相关的。在王畿的记载中，阳明也认为两者都有道理，都是不可或缺的，但王畿的"四无"说显然境界更高一些，那怎么调和？对于王畿而言，既然你的境界比较高，那就降一些，也要兼顾钱德洪提到的情况，就是文中的"超凡入圣"之谓。那对钱德洪而言，所主张的"四有"说还是比较低级的，那调和的途径就只能是钱德洪再加把劲，努力提高自己的水平，才能和王畿降一格的境界相一致，也就是文中所谓的"须进此一格，始为玄通"。

分析了钱德洪和王畿的记载之后，我们可能会产生一些感觉，阳明也太会打太极了，也太会当老好人了！钱德洪和王畿也太信口雌黄了！

这些感觉我们尽可以有，但是我们绝不可质疑阳明师徒之间对话的严肃性。

对于阳明而言，他的"四句教法"确实蕴含着这两种倾向，这一点和我们前面讲到的"致良知"命题下的"致"的两种倾向基本上是一致的，这是他的"四句教法"本身具备的应有之义，他没有任何因为钱德洪和王畿作为自己的两大弟子，对于自己学说有传播之功而采取折中调和的态度来迎合两大弟子的意思，钱德洪和王畿记载中，有关阳明居中调和的具体说辞，有种往往强调的是双方都有合理性的意思，其实换一种角度，就是阳明对于双方的观点也有各打五十大板的意思，这样的角度在钱德洪和王畿共同编写审定的《阳明年谱》中就有直接的体现。总之，阳明是严肃的。

再看钱德洪和王畿，我们可能会产生他们信口雌黄的感觉。感觉终归感觉，问题的实质是钱德洪和王畿两人的态度也是极为认真的。至于双方在记载上出现的差异，我们觉得理解为两人为了宣扬各自学说的不可置疑性，或者说两人是在阳明那里争宠这样的意思就有点以小人之心度君子之腹了。我们大致应该这样来理解：既然阳明的"四句教法"确实存在着两种倾向，那基于任何一种倾向的理解都是合理的，起码说没有背离阳明的意思，还都是在心学的范围内进行的内部讨论。钱、王二人争论的实质无非就是哪一种倾向占据主流，或者说更为重要的问题。两人争论的存在是合理的。至于在阳明居中调和了一番之后，为什么还有极具个人色彩、于己有利的记载，那只能说无论是"四有"说还是"四无"说，对于钱德洪和王畿而言都是经过深思熟虑、认真对待得出的结论，这些学说都是钱、王两人对于"四句教法"的深刻理解，是轻易改变不了的。即使是阳明都肯定了它们的价值和意义，或者说都对它们的缺点提出了批评之后，他们仍然认为自己坚持的观点是有价值的，肯定是要继续坚持的。

关于阳明在这场真论中倾向的不同记载，那也很好理解。我们相信钱德洪记载的阳明有利于他的论断和王畿记载的有利于他的论断都出现过，只不过在事后的两人脑海中，由于仍然各自坚持自己的观点，他们的记忆功能就天然地排斥了于己不利的各种说法，而保留了于己有利的一些说法。总之，我们认为钱德洪和王畿所记载的于己有利的阳明的说辞绝不是杜撰的，而是存在的，只不过他们的记忆能力天然地进行了选择记忆，而不是他们有意忽略于己不利的说辞。

这时，比较细心的朋友会说，前面你不是提到三种文献都对天泉证道进行了记载吗？有钱德洪的，有王畿的，还有钱德洪和王畿共同编写和审定的，既然钱德洪和王畿留下的记载都是于己有利的，那我们来看他们两人共同编写审定的文献对此是个什么态度不就行了吗？这个应该比较靠谱吧？！

确实在钱德洪和王畿编写、审定的《阳明年谱》中有不小一段的记载，但不能如大家所愿的是，这段记载也没有留下阳明关于钱德洪所论和王畿所论明确的表态。也可以说，《年谱》记载的内容只有我们在分析钱德洪记载内容时所列举四个问题中的前三个，即阳明提出"四句教法"、钱德洪和王畿对"四句教法"的理解产生了分歧、阳明对于钱、王两人的观点进行折中调和，对于第四个问题，《年谱》基本上是采取一种回避的态度。由于阳明"四句教法"的丰富性和多途性，阳明也不可能就钱德洪和王畿所论进行明确的表态，或者说必须两者取其一，关于这一问题，他不得不采取一种回避的态度。

那究竟阳明的"四句教法"包含了哪些内涵，使得阳明只能采取一种折中调和的态度、不好进行表态呢？

三
"四句教法"：
"有"与"无"的折中

虽然有关阳明的"四句教法"，钱德洪和王畿存在这样那样的分歧，但是关于"四句教法"的客观内容或文字表述，各种文献记载没有丝毫的差异。虽然前面我们在引述钱德洪编定的《传习录》中已经抄录，这里我们不妨再看一遍：

> 无善无恶是心之体，有善有恶是意之动，知善知恶是良知，为善去恶是格物。

乍一看上去，对于我们而言，通过前面的了解和学习，可能后三句话都没问题，我们都能够理解。

"有善有恶是意之动"，这句话有一个内容预设，也就是阳明在各种场合强调的心的本然状态无不是好的，只是一旦发动，流行到现实层面，那就会脱离它的本然状态，而会出现善、恶之分。这个过程是必需的，也是有相当风险的。说其是必需的，那是因为心体只是心体，它往往停留在理论层面上。也就是说，理论再好也还是理论，并不能取代现实。再好的理论也需要贯彻到现实，不贯彻到现实，其社会价值就得不到体现，我们对它好或者优秀的评价那也就没有实践的检验了。它必须经过实践，才能充分地实现它的价值。心体就是一种理想状态或理论状态，而意就是实践，就是贯彻到现实层面。至于好的理论贯彻到现实出现的结果，那就指不定是什么样子了。当然其中有一部分人，主要是为数极少的具备良知、良能的人，在应付日常酬酢中能够保有自己的心体，能够把心体的至善推及于万事万物上去，中间不会生出诸多枝节，会出现好的结果。但大部分人的心体在日常酬酢中都是受物欲遮蔽的，受物欲遮蔽的心体就可能违背心体至善的本能，而出现恶的可能，这就是心体贯彻到现实所承当的风险。

"知善知恶是良知"，这句话主要是对良知的道德优越性而言的。在阳明的话语体系中，阳明赋予了良知以道德评判权，那良知所具备的道德优势就是势在必行的。一个显在的逻辑，自身没有这种道德超越性，自然是没有权利评判别人的，也就是我们在第五讲中提到的良知是是非之心，良知是天理，良知是圣，良知是明德，等等。既然良知具备这种道德评判权，那对于善和恶的区分也是一个小儿科的能力了，因此，良知是能区分善恶的。能够知道善恶，一个潜在的理论就是为善去恶，这也是第四句话的内容，即"为善去恶是格物"。

"为善去恶是格物"。我们说阳明心学从本质上来讲还是传统儒学，而且是传统儒学中比较占主流的一支，也就是按照孔子、孟子这一脉沿袭下来的，主张性善论。而作为集中探讨其工夫论意义上的"格物"说，它的内容也只能是为善去恶的，这关系到它的学说的价值显现、认可和传播。

以上就是我们对后三句话的理解。对于阳明心学稍有了解的人，理解这后三句话应该问题不大。它们不仅是具有阳明心学的色彩，即使抛开阳明心学范畴的支撑，如心学对意、良知和格物的规定，按照传统儒家学说的内涵来进行解释，我们也是能够解释得通和理解得了的。

历来学者对于第一句话疑惑最多。

"无善无恶是心之体"。这句话的意思就是说心的本然状态就是没有善恶之别的。提到这里，可能马上就会有人提出疑问，我们刚才还在讲心之本体是良知，而良知又是是非之心，良知是天理，良知是圣，良知是明德，并且一再说明良知的道德优越性。而且我们在第二讲中也提到心的本体是至善、性、知、诚、乐、定、天理，等等，这无不都是从道德层面说明心具有优越性。但这里又说心的本然状态是没有善恶之分的，这是不是阳明心学自相矛盾之处？

确实，单纯从字面表述上来看，我们产生这样的疑问也是合情合理的。从某种程度上来讲，四句教法中的"无善无恶"就是对善恶的否定。循着这种思路，问题就比较严重了。因为无善无恶是对心的规定，那心也就成了没有善恶之分，因此也就毫无价值的存在。这和阳明赋予心以道德评判的一贯思路显然是不相合的。那阳明究竟为什么提出这样的理论呢？

首先，我们需要明白的一点是，阳明心学作为一个学说体系，肯定不会出现前后矛盾、难以自圆其说的理论。我们看起来难以解释得通的理论，在阳明心学的丰富内涵中都是成立的，都是解释得通的。

如何理解在阳明心学体系中同时出现至善是心之本体和无善无恶是心之本体这两个理论，那还得复习一下我们前面探讨的内容。在第二讲中，我们总结了宋明理学家对于理的含义的界定，大致有三个方面：一为条理、规律的意思；一为具有道德评判的意味；一为世界的本原。在阳明"心即理"的命题过渡下，这些理所具有的三层含义都转化成了心所具备的三层含义。我们也提到在阳明心学体系下，其中后两种含义应用得更为普遍。显然，这里从第一、第二层次上来理解阳明"四句教法"中的"无善无恶是心之体"都解释不通。第二层含义，也就是心具备道德评判的意味。我们提出上述疑惑就主要是针对这一层含义而言的。关于第一层含义，即为条理、规律的意思，显然在这里有种不搭界的感觉。排除了前两种含义，我们关注的焦点自然就是第三层含义，即为世界本原。

可以说，阳明在调和至善是心之本体和无善无恶是心之本体的紧张关系时，就是从这一层含义突破的。

在这层意义上，阳明认为世界的本原是无善无恶的。起码从字面上来讲，相比较于至善是心之本体，无善无恶作为心体的规定这一理论更能凸显心作为世界的本原性。

在阳明的至善是心之本体的心学体系下，往往强调心体是至善的，但是社会现实确实存在许多恶的现象，这就出现了学说在理论上和现实社会实践方面的分歧。当然，阳明通过"未发"和"已发"的状态缝合了两者之间的裂隙。也就是说，"未发"状态下至善就是心之本体，而"已发"状态下往往是指心体在发用流行时被物欲遮蔽了，已经不是它的本来状态。但是对于大部分人而言，仍然是有疑惑的。你既然说心体是至善的，日常行为只要依心体发用流行就可以了，但却出现了许多有违至善的，也就是恶的现象，那至善作为心的本体的界定就遭到了人的质疑。至于用"未发"和"已发"来进行区分和缝合，但再深奥的哲理也得来源于现实、服务于现实的，中间添加上去许多虽然可以自圆其说的理论，但终究让人感觉有违常理，因为大部分人是不可能也没有主观愿望去接触所添加上去的理论的。

而无善无恶起码从字面上来看所包含的内容要丰富得多了。因为规定即否定，规定了心体是至善的，就否定了至善之外的所有东西，也就否定了现实中其他情感因素，包括恶来源于心的属性，这一点又和阳明把心视作万物之源的理论是不相合的。在无善无恶是心体的理论下，也就是对心体不作规定，它是一种超越现实层面的规定。在其中，不仅至善有适当的位置，也为恶预留下了相应的空间，也就使得阳明有关心体的规定显得更为丰满与合乎逻辑一些，即使不经过"未发"和"已发"的逻辑疏导，从一般层面上来理

192

解，心的本源性也是可以确定的。这也就回答了或者说应付了世人对于阳明心体规定与社会现象的疑惑或矛盾，即至善是心的本体，具有道德优越性，它又是万物之源，但现实却是往往充满各种恶的现象，显然存在与心体不符的疑惑或矛盾。

这就是对于阳明有关心体规定作一般的理解，也就是说没有进入阳明哲学世界，或者说不是按照阳明的逻辑思路来作一般的理解。依据这样的理解，无善无恶是心体要比至善是心体包含的内容丰富得多，理论上更为圆融一些。

那进入阳明的哲学世界，他又是如何弥缝至善是心之本体和无善无恶是心之本体的理论之间的矛盾的呢？一个简单的思路，阳明认为无善无恶就是至善。这里有一个非常著名的典故，即"侃去花间草"。我们来看一下它的内涵，也有助于我们对于阳明"无善无恶即心体"内涵的理解。

阳明的弟子薛侃在铲除花间的杂草时，比较困惑，为什么花这么难培养，而杂草这么难以去除？要不说中国古代思想家的联想确实十分丰富。薛侃并没有就事论事地提出上述困惑，而是把花和善联系在一起，把恶和杂草联系在一起，提出了一个经典的思想问题——为什么善难培养，恶难去除？阳明对此说了一句比较抽象的话，你既没有培养善，也没有铲除恶。过了片刻，阳明可能也意识到太过于抽象，又补充说，如果按照你这样来看待善、恶，那就是只看到了善、恶的表面，没有看清它们的实质，自然会出错了。这样的解释，别说我们，阳明的高徒薛侃也没有理解，不知道阳明夫子在说什么。阳明又接着解释，天地化育生长出万事万物，如花草，这时哪有善恶的区分？只是后来你想赏花了，那就以花为善，而以草为恶的。假如你要用到草的时候呢，你又以草为善了。这些善恶都是由人心的好恶而产生的，所以从形体上着眼看善、恶是错误的。薛侃提出了上面我们普遍的疑惑：心体是无善无恶的了？阳明又利用"理之静"和"气之动"的境界论予以作答，认为无善无恶是静处的理，而有善有恶就是因为气动而产生的。不为气所动，就是无善无恶，也就可以称为至善。

在阳明的笔下，"理之静"就是指心体而言，它属于一种"无"的境界；"气之动"也是指心体而言，它属于"有"的境界。两种有关心体的境界，阳明是比较倾向于"理之静"的，也就是无的境界。在哲学家的眼中，往往具备一种超越人伦的关怀，而这里的"无善无恶"就是这种关怀的体现。天然静处的理是万物的属性，人们的本分就是遵循天然。只有这样，才能超脱人伦或人性意义上的善和恶来看待万事万物，这就是我们通常意义上所谓的大爱。所以，人们不应因为善恶而扰乱天然，也不应因为欲望而舍弃清静的心性。即使从伦理学上来讲，我们要清楚地认识到所谓的善和恶都是人为的，都是有限度的，要想超越这种人为性和有限性，那就要先克除存于我们心中的善恶之分，顺应自然，就可以达到至善的境界。"至善"，并非除去恶而存留的善，而是自然本来就是这样，就是无恶无善的。通俗一点来讲，在对某一个客观事物在发生感情之前，心中就已经先有一个善和恶的意念存在，那在后来对这个事物真正产生感情时，已经脱离了原有的轨道，要么是憎恨，要么是溺爱，都是不足可取的，都是有违于自然的。尽管我们很难在认识这一事物前完全排除善、恶的意念，但应当认识到这种意念对于我们作出正确判断或评价的危害性，要努力、尽量地排除，这也是阳明的无善无恶是心体给我们的启示。

同时，"至善"这个词汇，它在一般意义上所指的道德优越性是非常明显的，我们在前面的研讨中也多次谈到这一点，它往往代表着一种褒扬的价值评判。但关于这一词汇的运用，古代哲学家们还有一个不太常用的用法，有时候也用它来表达一种境界。我们在第一讲中分析心的本体时提到，而在第五讲中分析良知的内涵时反复提及的，不论是良知是是非之心、天理、圣、明德，或者说至善、性、知、诚、乐、定、天理是心之本体。它往往强调的是心的一种境界，一种理想状态下的境界。这种理想状态无法用言语表达，在阳明心学继承传统儒家性本善的基础上，只能就具体伦理意义上的褒扬词汇权作对这一状态的描述。也就是说，在阳明无善无恶即为至善的话语中，无善无恶是强调一种理想境界，至善强调的也是一种理想境界，因此，无善无恶就是至善，都是指一种理想的境界。这是阳明所想表达的，这种论断是超越伦理的，我们绝不可以人性论或伦理学的视角来分析阳明的这段话，如果真那样来分析阳明的论断，我们只能导致两种结果，要么是我们疯了，要么是阳明疯了，其间再也没有他途。

总体看来，在阳明的"四句教法"中包含着"有"和"无"的紧张对立，因此导引出了钱德洪和王畿的争论。但也包含着"有"和"无"的和谐统一，这也使得阳明的学说仍然是儒家学说，而没有流于传统士子所认为的佛、道的那种无。其中，第一句是对"无"的表达，这是从世界的本原性质或心性本体论上来进行探讨的，极大地拓展了心体的容纳和适用范围，从而使得其心学体系在本体论上更为圆通。很多时候，阳明表现出对于"无"的向往，这可以从阳明对钱德洪和王畿的不同态度看出。后三句话是对"有"的阐释，也就是这种容纳万有的无流行发用到具体层面所体现的有的特性，这又使得他的心学理论紧扣住儒家这个主题，而没有发生向佛、道的转化，也在现实社会中有了更好的利用前景。概而言之，"无"和"有"在阳明的"四句教法"中都得到了重视，发挥着不同的作用。在境界上，无高于有；在实践中，有重于无。

天才就是天才，哲人就是哲人，他们和一般人的思维就是不一样。前面我们已提到，阳明的两大弟子钱德洪和王畿对于阳明"四句教法"的分歧，从表象上来看，主要集中在"四句教法"究竟是不是阳明的定论。钱德洪认为就是，而王畿认为只是一个权宜之说，不能称之是阳明的定论。然从内容上来讲，非常奇怪的是，和我们常人不同，两人对于阳明"四句教法"的理解产生分歧的关节点却不是在第一句，而是在后面的三句内容。循着各自的差异，在王畿所记载的《天泉证道记》中，阳明已经称王畿对于"四句教法"的理解为"四无"说，称钱德洪对于阳明"四句教法"的理解为"四有"说。

# 四
## "四有"说

先来看一下钱德洪的"四有"说。钱德洪极力赞成阳明"四句教法"为一种定论，其表述也就是阳明的"四句教法"的内容，即"无善无恶是心之体，有善有恶是意之动，知善知恶是良知，为善去恶是格物"。关于这句话的理解，钱德洪思路是这样的，心体是无善无恶的，这是心学的一个基本认识前提，有关它的逻辑思路，已如上述，我们就不再啰唆了。在钱德洪的思路中，紧接着有一个转折，就是心体虽然是无善无恶的，但这种本然的人心在发用流行时，很容易受到外界的干扰，往往出现物欲遮蔽人心的情况，那就很有必要在源头上正心，也有必要去除意之动所产生的恶的因素，为善去恶的格物过程也是必要的，从而达到知善知恶的良知境界。简单一点说，就是正心、诚意、格物、致知这些现实层面上的努力一个都不能少。这就是钱德洪对于"四句教法"理解的基本思路。

当然，《传习录》中也记载了钱德洪对于这一思路的表达。我们再看一下原文：

> 心体是天命之性，原是无善无恶的。但人有习心，意念上见有善恶在。格、致、诚、正、修，此正是复那性体功夫。若原无善

恶。功夫亦不消说矣。①

　　严格意义上来讲，阳明以"四有"说来称呼钱德洪对"四句教法"的理解是不太准确的，因为钱德洪也承认心体是无善无恶的，这一点就是"无"。鉴于此，钱德洪对于阳明"四句教法"的理解应是"一无三有"。但钱德洪对于"四句教法"的阐释给阳明留下的印象可不是"一无三有"，而是"四有"。

　　大体而言，钱德洪的"四有"说（我们姑且也按照阳明的说法这样称呼吧）比较注重心的本然状态被破坏后情况的处理，就是要在现实中经过一番正、诚、格、致的工夫，才能恢复心体的本然状态，才能真正实施阳明的"四句教法"。

　　也正是比较重视心体被破坏或背离后各种情况的处理，钱德洪强调要通过现实的正、诚、格、致的工夫，才能恢复心体的本然状态，因此，他的"四有"说表现出由工夫而到本体的特点。也就是说事情的本然状态我也是承认的，但现实是这种本然状态在大部分时候都不存在，那我们就要经过一番正、诚、格、致的操作来恢复本体，这样才可以保证心体能够在它本然的状态下发用流行，才能把阳明"四句教法"当中的第一句和余后的三句之间的内在逻辑梳理得通，这应该也就是阳明"四句教法"的应有含义。确实，单从字面上来看，我想我们的认知逻辑也就是如此，大概也只能如此。从逻辑上来看，钱德洪对于阳明的"四句教法"理解应该是比较合理的。

　　诚然，从总体上来看，钱德洪把主要的精力应付本然状态被破坏后的各种状况，在"四有"说中确实突出了"有"的一面或者倾向，但在其他更多的场合，他可是对阳明"四句教法"中的第一句话有深刻而又到位的理解的。他曾说：

　　　至善之体，虚灵也，犹目之明、耳之聪也。虚灵之体不可先有

————————
① 王阳明：《王阳明全集》卷3，《传习录》下，第117页。

乎善，犹明之不可先有乎色，聪之不可先有乎声也。目无一色，故能尽万物之色；耳无一声，故能尽万物之声；心无一善，故能尽天下万事之善。①

虚灵是什么？就是看不见摸不着的，那就是无。至善是虚灵的，就是指至善是无善无恶的，虚灵的本体或者含义是没有善恶的。整段话用明、聪之与色、声的关系来阐述心体的"无"的境界及其作用，认为正是目无一色才造就了万物之色尽收眼底的效果，耳无一声才能海纳万声，而心本体上的无一善才能包含尽天下的善。

钱德洪把本然状态和现实层面分开来讲，其实也是阳明所谓的"未发"和"已发"状态。再结合他对"四句教法"的理解，既然现实层面和"已发"状态是不好的，那就保持本然状态或"未发"状态好了，而本然和"未发"又是表现出"无"的色彩，"无"的色彩在阳明的笔下又表述成"理之静"。这一点前面已经提到，因此，钱德洪又主张归寂主静。王门江右后学罗洪先记载了钱德洪对他说的一段话，很能说明这一问题。其言："盖先生尝有言矣，曰：'至善者，心之本体，动而后有不善也。'吾不能必其无不善，吾无动焉而已。"②阳明对于"理之静"的认识，到了钱德洪和罗洪先那里就是主张"不动"，也就是"静"，其实都是表达了对于阳明所言"未发"本体的认可。

总之，起码从字面上来理解，钱德洪对于阳明"四句教法"的理解或解说都是严格按照阳明的意思来办的，不仅在"四句教法"中的后三句，即使在第一句中也作出了深刻的理解，在本体境界上对于"无"的说明很能道尽阳明"四句教法"中"无善无恶心之体"的含义，也就是说他对阳明的这句话有深刻的理解，绝不是敬

①钱德洪：《复杨斛山书》，见钱明编校整理《徐爱 钱德洪 董沄集》，凤凰出版社2007年版，第155—156页。
②黄宗羲：《明儒学案》卷18，《杂著》，中华书局1985年版，第417页。

承师命的泛泛而谈。

但关键是阳明对此的态度是什么呢？这一点非常重要，因为"四句教法"是阳明提出的，对于它的理解和把握，从理论上来讲，他应该最有发言权。他对钱德洪"四有"说的评价，关乎我们如何才能较为准确地理解"四句教法"的内涵，也关乎我们对于钱德洪"四有"说的评价。

阳明对于钱德洪"四有"说的评价，保存在《阳明年谱》当中，主要是对钱德洪的"四有"说进行了批评。钱德洪把自己的"四有"说阐述了一遍之后，其中后三句都表达了有善有恶的倾向，即使对于第一句，钱德洪的论述还是有善恶之分的，也就是我们前引那一段中的"习心"。钱德洪的论述，整体突出了"有"的色彩，这在某种程度上是对阳明心体为"无"的违背。阳明开首即对钱德洪当头棒喝："有只是你自有，良知上原来无有，本体只是太虚。"言下之意就是钱德洪在对于心的本然状态理解错了，这不仅在本体论上是错误的，即使在工夫论上也是危险的。这就很容易导致我们在实践上会沾染上某种习性，墨守某种成规，执着于某种意念，从而在实践中不能尽量保持客观公正的面目。

对于阳明而言，本体论上的东西更为重要，如果本体论上出现了偏差，一切外在的努力都是不得要领、脱离方向的蛮干。因为在阳明的"四句教法"中，除了第一句话强调的是心体的无的境界外，其他三句都是强调工夫论上的有。钱德洪严格按照阳明的"四句教法"进行解释，必然呈现出主要强调"有"的一面。因此，阳明就认为钱德洪不仅是工夫论上容易执拗于"有"，而且本体论上也出现了执着于"有"的毛病，因此，他会说"有只是你自有"，这里的"有"就是从本体论上说的，对钱德洪提出了较为严厉的批评，这也是阳明把钱德洪对于"四句教法"的理解称为"四有"说的原因所在。究其责任，阳明的"四句教法"本身的内涵也是应当负一部分的。

　　当然，也正是出于这种对"无"的深刻理解，钱德洪在一些场合对王畿并不表现出截然对立或者极力排斥的态度，而是有种英雄爱英雄的惺惺相惜的感觉。很多时候，他也常以王畿的话来反思自己的"四有"说。认为王畿的"四无"说简洁明快、干净利落，那些往往拘泥于工夫之说的人，要常以王畿的"四无"说来反思自己的工夫说上的烦琐。从学理上来讲，钱德洪对于王畿的欣赏，正是出于对于阳明"四句教法"当中"无善无恶心之体"这句话的深刻理解。但已如上述，在阳明的眼中却不是完全这样的。

　　不仅在阳明眼中，钱德洪往往代表一种认识维度；在后人眼中，钱德洪的"四有"说也是作为王畿的"四无"说的鲜明的对立面出现的。下面我们再对王畿的"四无"说作一考察。

<br>

<br>

五

"四无"说

<br>

<br>

比较于钱德洪的"四有"说，王畿的"四无"说起码从字面上对于阳明"四句教法"的背离程度要深得多。

有关王畿的"四无"说，在《传习录》、《阳明年谱》和《王畿集》中都有详细的记载，其中《王畿集》中的《天泉证道记》对于"四无"说的记载是最为详细的。后世学者据此认为在天泉证道的前后记述中，钱德洪只是一个配角，真正的主角是王畿。

为了首先弄清王畿"四无"说的逻辑思路，我们先看一下《传习录》中比较简约的记载，因为它的思路更清晰。王畿是这样说的：

> 此恐未是究竟话头。若说心体是无善无恶，意亦是无善无恶的意，知亦是无善无恶的知，物是无善无恶的物矣。若说意有善恶，毕竟心体还有善恶在。[1]

王畿在这段话中首先表明，所谓的"四句教法"并不是阳明的定论，可能只是一种权宜之说。他的思路是这样的：心体是无善无恶的，由于在心学体系下，心具有本源的性质，意、知、物都是源

_____

[1] 王阳明：《王阳明全集》卷3，《传习录》下，第117—118页。

于心的。在第三讲中我们在剖析阳明利用知和意作为过渡，把心和物联系在一起时，已经知道知就是良知，也是心的虚灵明觉境界或属性。而虚灵明觉的良知因感应而有所动，这就是意了。意要发生作用，必须要有相应的物作为对象。也就是说意、知、物都是源于心的。由于心的本体性，这些都要和心体保持一致。既然心是无善无恶的，那意、知、物也是无善无恶的。接着王畿用了一个反向思维来进一步论证，如果说意是有善有恶，当然由于心、意、知、物四者的紧密关系，即同源于心，王畿虽然没明说，即使是承认知、物是有善有恶的也不行，同样都会由这些推导出心体也是有善有恶的。这显然是和阳明"四句教法"的前提，即"无善无恶心之体"是相违背的。

不管是心，还是意，还是知，抑或是物，按照王畿对阳明"四句教法"的理解，都是无善无恶的，总体表现出"无"的特点，因此，阳明称其为"四无"说也是比较贴切的。

但在我们对于王畿"四无"说的认识，不是王畿自己在"四无"说上有一套合乎逻辑的演绎就可以了。前面我们已经分析了阳明对于"四句教法"的具体逻辑疏导，这一点其实也是钱德洪的认识。这里我们还得分别看一下这四句话在王畿话语体系下的具体含义和逻辑疏导。

第一句话，即"心体是无善无恶"。这是没有什么异议的。既然作为本原，那就要具有超越伦理或人性论上的意义。正是由于这种虚无的特性，才更凸显它海纳百川的胸怀，就像水在通常情况下是无色透明的，但其实包含着五颜六色。这是阳明心学的一个基本前提，钱德洪和王畿都是深信不疑的，两人的纠葛并没有产生在此处。

跳开第二句，我们先看第三句话，即"知亦是无善无恶的知"。这里的"知"就是指良知。通过前面的探讨，我们也知道阳明关于心体还有一个描述，就是"知是心之本体"，再结合四句教法的第一句话，"无善无恶是心之体"，知（也就是良知）和无善无恶都是心体的本然状态，那一个非常简单的道理，就是良知是无善无恶的。这一点我们可能是不能理解的，因为这一方面和我们所了解的良知具有道德评判的意味是相冲突的，而且在传统儒家中，如孟子，在运用良知时也主要是从道德意味上。再说了，阳明还说过"至善是心之体"，那把良知理解成至善不更好吗？既照顾到了传统儒家对于良知的定义，又符合一般人的认知逻辑。我们这里要认识到，阳明对于无善无恶的说明都是从事物本源上来讲的，而不是从道德意味上来讲的。王畿继承了阳明的这一思路，良知是心的本然状态，而心又是事物的本源，良知也具有这种本源性质，那它也是无善无恶的。王畿在说良知时，也是从本源状态上这一角度着眼的。

但又有一个问题摆在我们面前，尽管王畿是从本原状态上来着眼的，但总不能置传统儒家和一般人的思维于不顾；再说阳明也在较多的场合从道德视角来运用良知，那该怎样处理良知的道德义与本源义之间的紧张关系呢？王畿认为良知固然具有知善知恶、知是知非的道德判断能力，这往往是良知在现象层面的作用能力；就其本然状态而言，或者说本体的存在形式而言，良知则是无是无非和无善无恶的。王畿通过本体和现象两种不同层次的区别，可以说解决了良知既是至善，又是无善无恶二者之间的矛盾。我们大体应该也是能够接受他这种解释的。

第四句"物是无善无恶的物"。我们对这句话的理解应该问题也不大。作为我们认知的对象，物是客观的，没有主观选择性，因此，也就没有善恶是非之别。这应该是一个大家都可以接受的常识。这句话中的"物"往往是作为第二句话中的"意"发生的对象，它本身的含义无足轻重，关键是由它所牵扯出的对于"意"的属性的判定，这就使得我们必须把对王畿"四无"说中第二句话"意亦是无善无恶的意"的理解摆上台面。

有关这句话的理解或逻辑疏导，我们前面在总体梳理王畿的"四无"说时就多少已经提到，就是王畿认为意之动如果是有善有恶的，那就会牵扯到心体也是有善有恶的。因为，良知是心体，而虚灵明觉状态下的良知就是意。王畿的这一思路绝不是他杜撰的，在阳明那里也能看到这一思路。阳明说："不知心之本体原无一物，一向着意去好善恶恶，便又多了这分意思，便不是廓然大公。"①这句话就表达了"好善恶恶"的"意"对于心体无善无恶，即"廓然大公"的危害。言下之意，阳明那里也存在着"意亦是无善无恶的意"的思想倾向。

总之，王畿的"四无"说论述心、意、知、物的无善无恶性，一个基本倾向是对于它们无善无恶的界定都是超越伦理的，都是从本体的角度来展开论述的。意、知、物都来源于心，都要和心的无善无恶性保持严格的同一，因此，王畿的"四无"说带有强烈的从本体而到工夫的色彩，只要掌握了本体，工夫自不在话下，在应用层面也主要表现出直悟本体的特点。

在正面分析了王畿的"四无"说之后，我们也要看看阳明对王畿"四无"说的评价。

阳明对于王畿"四无"说的批评，我们在钱德洪负责编写、审定的《传习录》中已有记载，主要是认为天资聪颖的人不可多得，如果把"四句教法"仅仅理解成"四无"，采取一种一悟尽透、一了百了的教法，有可能就会养成虚空静寂的坏毛病。在立场相对中立的《阳明年谱》中也基本上是如此记载的。

但在前面我们看到王畿记载的《天泉证道记》中，已经说明阳明对王畿是高看一等的。而在立场比较中立的《阳明年谱》中也有同样的记载。其言：

> 汝中见得此意，只好默默自修，不可执以接人。上根之人，世

---

①王阳明：《王阳明全集》卷1，《传习录》上，第34页。

亦难遇。一悟本体，即见功夫，物我内外，一齐尽透，此颜子、明道不敢承当，岂可轻易望人？[①]

看来，阳明对于王畿的"四无"说尽管有批评，又确实是比较认可的，认为王畿大胆的推论正应和了他想说而不敢说的内容。特别是和钱德洪相比较，王畿这种从本体到工夫的论证方式更是突出了本体的重要性，也突出了心的本源性，这和阳明心学的基本理论是严丝合缝的，因此对于王畿的"四无"说，阳明总体上是高看一等的。

思想真是一个奇妙的事情。钱德洪明明是严格按照阳明的"四句教法"来阐述自己的"四有"说的，但却遭受了阳明的当头棒喝。王畿认为"四句教法"并非阳明的定论，从字面上来看，他的"四无"说除了第一句和阳明"四句教法"的第一句相同外，其他三句都是大胆的推论，反而受到了阳明高看一等的待遇。个中原委，我们上面已经作了大致交代。

这个现象非常有趣，同时也预示着，这种情况在"四句教法"的创始人阳明那里尚且如此，那"四有"说和"四无"说传到后世，指不定会出现什么样意料之外的情况呢。

① 王阳明：《王阳明全集》35，《年谱》三，第1306—1307页。

六

分途：左派与右派

　　钱德洪和王畿基于对阳明"四句教法"中"无善无恶心之体"的共同认可，并且，两者在这一本体论的认识前提下，有关"四句教法"后三句所表达的两种不相一致的认识途径，也正如阳明所说的都是"四句教法"中的应有之义，并没有根本的差别。正因此，如前所述，钱德洪才会表现出对王畿的英雄爱英雄的惺惺相惜。那么，王畿对钱德洪又是个什么态度呢？

　　总体上来讲，王畿对于钱德洪也是比较欣赏的。他在为钱德洪所作的《行状》中就对钱德洪的高尚品格作出了积极的肯定。不仅如此，王畿也对钱德洪对于阳明心学的贡献给予了肯定的评价："君自闻学以来，无一息不在于道，切切以取友论学为事。"[①]

　　即使是有关"四句教法"的理解，王畿也认识到钱德洪的"四有"说是有价值的。作为天泉证道延续的严滩问答，王畿谈到佛家实相幻相之说，阳明答道："有心是实相，无心是幻相；无心是实相，有心是幻相。"阳明说了这句话之后，让钱德洪和

———————

①王畿：《王畿集》卷20，《刑部陕西司员外郎特诏进阶朝列大夫致仕绪山钱君行状》，第591页。

王畿分别谈谈自己的看法。其实，这句话就是钱德洪和王畿对于阳明"四句教法"产生分歧时的两条思路，即"四有"说和"四无"说。钱德洪没有反应过来，无以作答。这时王畿给他解了围，说："前所举是即本体证功夫，后所举是用功夫合本体。有无之间，不可以致诘。"①看来，王畿很明了阳明的想法，相比较而言，也更接受了阳明对于"四有"和"四无"的教诲，在坚持自己"四无"说的同时，也认可钱德洪"四有"说的价值，阳明对此是非常欣慰和赞许的。

总之，钱德洪和王畿他们在对"四句教法"的研习中是相互欣赏的，都充分注意到对方学说的价值。但由于两人并没有就此放弃自己理解，因此，在阳明那里，出现了"四有"说和"四无"说的区分。前面我们也表达出这种担心，在阳明那里尚且如此，阳明逝后，指不定会出现什么意想不到的结果，这种意想不到的结果就是由"四有"说和"四无"说导致的王学后学的分派，也就是后人所谓的归寂派和顿悟派的划分，或者说王学右派和左派的划分。

除了这种学理上的原因之外，阳明的逝去也是导致王学后学分化的一个重要因素。因为只要阳明在世，有关于王学内部的分化都可以在王学内部予以解决，王学的创造者阳明成为一切问题解决的最终方案。即使后学对于王学内涵有所争论或不解，由于阳明的客观存在，阳明可以进一步予以解说。经过阳明的解说，再不懂就是学生的事情了，那是因为学生自己的学养不够，还需要进一步修炼，起码来讲，王学后学进行分裂由于阳明的存在还不是那么有信心。另外，由于阳明的客观存在，到了后来王学越来越具有组织性和集团性，当然也有各种学会的规则和规矩，实在不行，越出王学的规矩，是可以予以适当惩戒的，这也是王学

---

①王畿：《王畿集》卷20，《刑部陕西司员外郎特诏进阶朝列大夫致仕绪山钱君行状》，第586页。

后学比较忌讳的一点。阳明逝后，前面所述的两点都不复存在，王学的分化也就成为难以避免的了。

王学的分途还有一个比较重要的原因，当然也和阳明有关，但更多的体现则是每一个学说发展的必然路径。一个学说的发展内容肯定是十分丰富的，总体来看，它有一套可以自圆其说的逻辑体系，但如果分开来看，往往会出现强调某一方面理论的特点，甚至是过分强调。并且这种脱离整体的部分，往往以一种比较极端的面貌示人。在学说发展的早期，主要还处于建设阶段，还有很多需要进一步巩固的旧学说和需要开拓的新学说，一般学派成员不会关注这些脱离整体的部分的极端之处。而到了后期，建设工作基本完成，同时后学进行理论发挥的空间也是被极大压缩的，为了在学说内寻求自我的价值，前期被忽略的脱离整体的极端之处就会越来越成为后学关注的焦点。由于脱离整体的部分是片面的，争论也就在所难免了。阳明心学也不例外。

有关王学的分派，后人在研究过程中，由于参考的标准不同，所分派系的数量也不尽一致。有的是立足于理论内涵的不同，有的是按照地域分布的不同，也有的是按照风格特色的不同，还有的按照现代思想内涵的标准来划分。因此，后人关于王学后学的划分非常丰富，甚至可以说烦琐。具体地分类，有的把王学分为浙中、江右、南中、楚中、北方、闽粤、泰州等；有的把王学后学分为唯心论、唯物论，主观唯心主义、客观唯心主义；有的分为保守派和开明派；有的分为左派和右派；有的分为现成派、修正派，归寂派、顿悟派；有的分为虚无派、日用派、主静派、主敬派、主事派；有的还分为主无派、主有派，主静派、主动派，等等，不一而足。

确实，由于王学后学的分派过于细致，也过于烦琐，现当代学者对此表现出不满和厌倦的情绪。不满主要是对划分标准不够合理，各派内涵把握得不够准确。之所以有厌倦情绪，是因为虽然分派是必需的，它更有利于我们对于王学后学内涵的理解，如果不分派，往往各种范畴和概念混杂在一起，确实不利于各自梳理和掌握。但是如果分得太细，反而会徒增烦扰。

如何更好地梳理和研究王学后学而又不徒增烦扰，现代一般学者基本上采取一种两分法——左派和右派，如王学研究的经典作家嵇文甫、侯外庐等无不如此，这也是我们采取的方法。从总体上来看，这种两分法有它的内在逻辑，并不是随意为之，也并不是附和时下流行观点的产物。

已如上述，从学理上讲，王学的分化就是基于阳明的"四句教法"产生的"四有"说和"四无"说两种途径而展开的。并且，由于"致良知"这一命题在阳明晚年受到足够的重视，很多时候，"四有"说和"四无"说的内涵也就是"良知"之"致"的两条途径，即"率其本然"和"着实用功"。大体而言，"四有"说和"着实用功"相类，"四无"说和"率其本然"比较相似。王畿关于王学分化有一段经典的话：

> 凡在同门，得于见闻之所及者，虽良知宗说不敢有违，未免各以其性之所近，拟议搀和，纷成异见。有谓良知非觉照，须本于归寂而始得。如镜之照物，明体寂然，而妍媸自辨。滞于照，则明反眩矣。有谓良知无见成，由于修证而始全，如金之在矿，非火符锻炼，则金不可得而成也。有谓良知是从已发立教，非未发无知之本旨。有谓良知本来无欲，直心以动，无不是道，不待复加销欲之功。有谓学有主宰，有流行，主宰所以立性，流行所以立命，而以良知分体用。有谓学贵循序，求之有本末，得之无内外，而以致知别始终。此皆论学同异之见，差若毫厘，而其缪乃至千里，不容不辨者也。[1]

王畿所论极是，王学后学的讨论基本上是在王学的范围内，都是基于良知说的讨论。但是由于各人知识结构不同、学术背景不同、性格也不尽相同，因此，也出现了王学的分化。后面的一大段话都是

---

[1] 王畿：《王畿集》卷1，《抚州拟岘台会语》，第26页。

针对王学分化的具体内容来说的，非常丰富，但总结出来也就两方面内容，即我们前面提到的"着实用功"或"四有"说以及"率其本然"或"四无"说。王畿这段文字就是围绕这两方面内容来说的。文中的"归寂"、"修正"、"已发"、"循序"大致属于"着实用功"或"四有"说的基本路数；而文中的"觉照"、"见成"、"未发"、"直心"等都可说属于"率其本然"或"四无"说的范畴。

明末清初大儒黄宗羲在其代表作《明儒学案》中，就强调王畿和钱德洪都是从良知的"见在"性出发的。这里的"见在"性，由于在古文中"见"和"现"是通用的，"见在"也就是"现在"。它们强调的都是一种当下呈现，当下具足的状态。良知的"见在"性说明的就是良知就是心体，就是心的本然状态，而且是人心本来就具有和具足的，这是阳明"心即理"的主要精髓，也是作为阳明弟子的钱德洪和王畿共同的认识前提，也是他们共同遵循和认可的"四句教法"中的第一句"无善无恶是心之体"。但两人在这一共同本体论的基础下，却没有采取相同的工夫论。王畿是从良知的现在性出发，采取直悟本体的做法，而钱德洪则是把对于本体的关照落实到万事万物上，在事物上磨炼自己对于心体的认识或体悟。因此，钱德洪在彻悟上不如王畿，而王畿在现实修持层面则不如钱德洪。黄宗羲认为钱德洪的方法仍然不失为一儒者的本分，而王畿则表现出漠视现实、只重内心的禅学气象；钱德洪的学说表现出谨小慎微、兢兢业业的特点，很像扯着缆绳把船慢慢放入水中，而王畿的学说则表现得飘逸洒脱、义无反顾，很像撒手于悬崖边上。这也是有关王学分化从学理上来梳理的，一个比较形象、贴切的比喻。

其实，近人采取两分法，分为"左派"和"右派"也未尝不可。有的学者认为这往往是附会时下潮流的一种非学术行为，其实不然。对于左派和右派，今人一般认为它们都是处于一种对原始理论的背离状态。与原始理论相比，一般认为左派主张较为激烈，其理论突破性较大；而右派相对来说比较保守，相比较于左派而言，比较中规中矩。以此关照，那把王畿归为左派，把钱德洪归为右派也是不无道理的。

一般而言，王学左派的代表人物除了王畿之外，还有以王艮为代表的整个泰州学派。右派则是以钱德洪为始，包括以聂双江、罗洪先为代表的江右学派。

总体看来，王学后学对于阳明"良知"之"致"的两条途径的探讨，以及对于阳明"四句教法"的不同理解，都促进了阳明心学的进一步发展。但也不可否认，基于这些讨论所产生的分歧，也使得阳明心学的传播受到了阻碍，主要是损害了心学的权威性，造成了后学思想的混乱。这一点从后世学者对于王学后学王学色彩淡化的评价上可以看出。对于王学右派而言，一般认为具有合会朱、王的色彩，比较博学、负责编修了《四库全书》的四库馆臣们就认为："洎乎明代，弘治以前，则朱胜陆，久而患朱学之拘，正德以后，则朱陆争诟。隆庆以后，则陆竟胜朱。又久而厌陆学之放，仍伸朱而黜陆。"关于这段史料，需要说明的是，这里的"陆"就是陆九渊，实质所指是王阳明。还有一点需要注意的是，这段史料是就整个明代士人而言，对于中规中矩的王学右派而言，就是合会朱、王的色彩，如王学南中学案中的唐顺之，后人就是这样评价的"若荆川之言，盖多与阳明暗合，然究其指归，其抵牾晦翁者鲜矣"[①]。而关于王学左派，则一般认为是流入了禅学，黄宗羲在《明儒学案》中说："阳明先生之学，有泰州、龙溪而风行天下，亦因泰州、龙溪而渐失其传。泰州龙溪时时不满其师说，益启瞿昙之秘而归之师，盖跻阳明而为禅矣。"[②] 不管是"合会朱陆"，亦或是流入禅学，都可以看出王学后学分化导致的王学色彩弱化，从而影响了王学的传播。

<hr />

① 唐鼎元：《明唐荆川先生年谱》卷1，民国二十八年武进唐氏刻本。
② 黄宗羲：《明儒学案》卷32，《泰州学案一》，第703页。

第七讲　此心光明
——阳明之死

此心光明——评说王阳明与《传习录》

　　阳明进入广西，很快平定了思恩、田州的叛乱，但也因为积劳成疾，旧病复发而逝去。综观阳明一生，历经艰辛、动荡曲折之间取得了荡涤宸濠、平定思、田的勋绩，"动心忍性"之下开创了一套心学体系。逝后虽遭人诬陷，被剥夺"新建伯"爵号，亦有后世学界对其"空谈心性"、"清谈误国"的种种恶评，但正如阳明逝前所言："此心光明。"此言一出，虽然各种争论并没有在客观层面上停止，但一切哓哓不休顿时相形逊色，都被掩盖在这散发着人性的光芒中。

# 一

# 阳明逝去的前前后后

生活在明代中后期的阳明，那是真不省心，即使是在平定宸濠之乱后也是如此。武宗时期，功劳都是皇帝的，作为九五至尊的皇帝与阳明争功劳，肯定阳明，就是否定武宗自身，这肯定是行不通的。好赖世宗的继位给阳明的处境带来了转机，但由于学说的批判性、突破性以及武宗时期留下的文官势力的阻挠，阳明也没有捞到多大好处，虽然谋得了提督两广及江西湖广军务兼都察院左都御史的差使，但说白了，这主要是个临时任命。

圣贤的阳明也对此心知肚明，对升任各种官职是百般推脱，即使是作为提督两广及江西湖广军务兼都察院左都御史负责平定广西思恩、田州之乱，阳明也是不愿意去的。但这样也不行，谁让你有能力呢，谁让你通过平定宸濠之乱建立起了威信呢。不用你，就发挥不了你的能力，不用你，天下人也会有意见的，说明我们不能知人善用，也说明我们昏庸。想告老还乡？再议吧。

这就是阳明即使在平定宸濠之乱，挽明皇朝于既倒后，仍然面临的窘境。

回顾阳明逝去的前前后后，我们还是首先从阳明获任提督两广及江西湖广军务兼都察院左都御史这个官职的缘由说起吧。这个缘由就是名声在外的阳明"被"参加了党争。

一个社会、一种制度的衰退和没落固然有各种表现，但一个直观的现象就是各种矛盾突出，不光是各阶级和阶层之间斗得厉害，我们所谓的统治阶级内部也是斗得死去活来。由于有关"斗"的文化非常丰富，在古代，还有一个冠冕堂皇的专有名词，叫做"党争"。可以说，明代中后期都是在各种党争中度过的，对于这些党争，我们很难判断孰是孰非，特别是对于普通民众而言，没有一个好鸟，都是为了自身的利益，打着为国家考虑、为集体着想的口号，实行对别人的专政。

对于阳明而言，早期他是没有资格参与党争的，因为官职太小，影响太弱。到了阳明平定宸濠之乱后，具备了这种能力，这时的明廷围绕入阁权展开了争斗。所谓入阁权也就是谁有资格进入作为明廷政府的最高机构内阁的问题，而入阁权之争也就是内阁中出现了分裂，分了几派，每一派都想拉拢自己的人进入内阁，以壮大自己的声势，从而取得在内阁中的主导权。

斗转星移，这时的党争主角是分别以张璁和以杨一清、桂萼分别为代表的两派。这两派中，杨一清是内阁首辅，也就是说杨派占据着主动，张璁是比较被动的。被动就要招兵买马，壮大自己力量，这时平定宸濠之乱的阳明就进入了他的视野，因此，就希望把阳明拉入内阁以抗衡杨派。在这一过程中，阳明的弟子也天真地认为，以阳明的功绩是有资格进入内阁的，也是鼓噪着让阳明进入内阁。谙熟官道的杨一清对此了然于胸，岂能让反对派的意图得逞，于是他百般阻挠阳明入阁。但对于杨一清而言，也有一个比较棘手的问题，即使他有一万个不愿意，也不能漠视阳明平定宸濠之乱所取得的功绩。怎么办才好？这时广西的思恩、田州之乱为杨一清解开这一难题提供了思路，真是个一石三鸟的妙计！既解决了功高阳明无处去的情况，给民众一个交代，又使对其权力构成威胁的阳明远离政治权力中心，最主要的是使张璁的如意算盘落空。毕竟杨一清是首辅，动机不纯的张璁对此也是无可奈何的。而整个过程，我们通过搜集、对比和分析各种文献史料，得出结论是阳明对此基本是不知情的，也就是说阳明是"被"参与了党争。

在这样的背景下，懵懵懂懂的阳明踏上了远征思恩、田州的征途。不用想我们也知道，阳明这次平叛出征，得到朝廷的支持是少之又少。杨一清、桂萼之流相当了解阳明的军事才能和安民的能力，认为他迟早会功成名就回来和他们分庭抗礼。因此，当阳明在广西前方为稳定社会局势和平定叛乱而绞尽脑汁和出生入死时，这伙人却在后方诬陷阳明贪功冒赏，不听朝廷指挥。

圣贤的阳明在这内外交困下心力交瘁，身体终于撑不住了，积劳成疾而导致旧病复发。于是阳明情真意切地向世宗呈上了《乞恩暂容回籍就医养病疏》，希望能够得到皇帝的恩准回家养病。在此疏中，阳明首先非常坦诚地说明自己是怎样致病的，那是以"忧"致病。这里的忧，既有对国家危难的忧，也有受到皇帝赏识而无以回报的忧（我们相信阳明对于此点是认真的，并不是溜须皇帝谀词），还有对自己遭受流言中伤的忧。紧接着又对自己平复思恩、田州的过程说了一通，总体表达的意思就是这里已经基本稳定，而且也作了很好的善后措施，皇帝您不用担心我走了之后会出现新的动乱。最后一段最为感人：

> 夫竭忠以报国，臣之素志也；受陛下之深恩，思得粉身碎骨以自效，又臣近岁之所日夜切心者也。病日就危，尚求苟全以图后报，而为养病之举，此臣之所大不得已也。惟陛下鉴臣一念报主之诚，固非苟为避难以自偷安，能悯其濒危垂绝不得已之至情，容臣得暂回原籍就医调治，幸存余息，鞠躬尽瘁，以报陛下，尚有日也。臣不胜恳切哀求之至！①

整段话的意思，不用我们每句话都解释了吧。只要了解阳明的

---

①王阳明：《王阳明全集》卷15，《乞恩暂容回籍就医养病疏》，第522—524页。

处境以及他报效国家的心思，不用看，大致也能推断出它的意思。大意是说，自己乞求回家不是临阵脱逃，也不是因为遭受了不公正的待遇，而是身体确实出现了危及生命的病症，不得不回家就医治疗。治好病后再回来接着干。而一个对国家作出如此大贡献的人，在请求回家治病这样情理之中的小事时，竟然用了"不胜恳切哀求之至"这样的措辞，我们只能用情真意切来形容。

但这样的情真意切换来的是什么？知而不报，故意隐瞒！这章奏疏没有直接到世宗那里，而是到了首辅杨一清及其党羽桂萼手里，他们不仅没有对阳明的情真意切抱有丝毫的同情，而且把这章奏疏压了下来。这时他们考虑的仍然是无尽的党争。你不是必须要回家治疗吗，我偏不上报，皇帝也就不会给你准假，你为了保命有可能就会在没接到圣旨前就动身回家了，到时候我们就可以治你个擅离职守之罪。你如果很老实，不回家，那就等死吧，死了好，一了百了。这就是内阁首辅及其党羽的逻辑，不可谓不阴险。作为国家的相当于政府总理之职的人就是这种气度，国将不国矣！再严重一点来讲，即使这章奏疏上到了世宗皇帝那里，结合作为九五至尊的皇帝对于阳明取得功绩半信半疑，对于赏赐的推三阻四，很可能会出现一个更让人看不到希望、更让人灰心的后果，就是皇帝可能也不批准。

阳明苦等恩准不来，还抱有幻想地认为皇帝会恩准的，在奏疏中还说要在韶关一带等待皇帝的圣旨。病情确实十分严重，阳明果然走到半路南安就病逝了。

逝后也不安宁，引起犬吠一片。

桂萼要参阳明擅离职守，冒领江西军功。杨一清也没闲着，要说服世宗查禁他的心学。阳明逝去的次年，桂萼即上言参奏阳明擅离职守，并且又妄言心学，非议朱子，造成了社会的思想混乱，建议追夺阳明新建伯的爵位，以彰大信、正人心。世宗皇帝闻言，龙颜大怒，降旨严格按照桂萼说的办。虽然吏部一些官员纷纷上书，冒死为阳明求情，但这个心理并不怎么健康的世宗皇帝仍然"朕意未解"，说："守仁擅离重任，甚非大臣事君之道，况其学术、事功多有可议处，卿等仍会官详定是非及封拜宜否以闻，不得回护姑息。"①这最后一句"不得回护姑息"，言下之意就是还商量个啥，你们如果知趣，商量的结果要更充分地揭发阳明才对。但毕竟还有肉长成的人心，给事中周延竟然不合时宜，顶风犯上为阳明求情，说阳明建立了丰功伟绩，以其擅离职守来否定他平生的功绩，这是有损国体和皇帝英明的。世宗终于理性了一把，没有要周延的命。这绝不是世宗仁慈，而是他无意间钻进了自己下的套。因为广开言路、再议阳明功过的圣旨是他下的，那作为给事中表达一下观点总是可以的吧。结果就是世宗觉得理屈，又降旨说别议了，"守仁功罪，朝廷自有定议。延朋党妄言，本当论治，但念方求言之际，故对品调外任。"要不是世宗钻进了自己设下的套，我们真是替周延的小命捏把汗啊！还不错，没有降级，被平级外调到太仓州做判官去了。

经过阳明逝后各方各面的这一番折腾，也让我们清醒地认识到欲加之罪何患无辞这个道理。

---

① 《明世宗实录》卷98，第2288页。

## 二
## "此心光明"与"猖狂放肆"

通过前面我们对阳明逝去前前后后情况的梳理，阳明的鞠躬尽瘁、情真意切和当权者的无事生非、铁石心肠形成了鲜明的对比。还不止于此，斯人已逝，有关阳明的功过，包括事功和学问，哓哓之声仍然不绝于耳，某一个时期甚至到了震耳欲聋的程度。

有关阳明逝去的细节，《阳明年谱》中记载得比较详细。

嘉靖七年（1528）十月，阳明在上了《乞恩暂容回籍就医养病疏》后，就边走边等世宗皇帝的批示。十一月二十五日，阳明越过梅岭，到达南安。将要换乘船时，他的一个门生，在南安做小官员的周积来拜访，阳明就挣扎着病体坐起来。就是这一番挣扎也使得他咳嗽、哮喘不已，看来阳明确实是病得非常严重，有的学者也据此推断阳明患的是严重的肺病。

这时的阳明说话也没力气了，徐徐地问周积近来学习得怎么样。阳明在处理军机要务时，仍然不忘学生门人的学问进展，经常与学生书信往复探讨心学问题。他即使在重病之后，仍然奋笔不辍，许多书信都是在坐不起来趴在床上伏枕草就的。周积简单地作了回答，赶紧问阳明身体如何。阳明说生命已经危在旦夕，之所以没有死，也只是一口元气在支撑罢了。周积赶紧告退寻找医生为其治病。舟行了三天，到了二十八日夜晚，阳明迷迷糊糊地问这是什么地方，随从人员说这是青龙浦。第二天，阳明可能也感觉不妙，让人把周积找来。周积来到之后，阳明许久才积攒力量睁开眼睛说了三个字："吾去矣！"周积非常难过地问有什么遗言没。先生微微一笑说："此心光明，亦复何言？"①就这样，阳明结束了其传奇而又圣贤的一生。

我们再来看一下阳明逝前所说的那句话，总体意思就是我王阳明死得其所，非常安心。综观阳明的一生，他所安心的主要就是两方面内容：一是学问，晚年找到了可以一生坚守的为学宗旨"致良知"，而且在征广西之前，又对心学传播可能出现的各种情况作了论证，并且在军务日理万机的情况下，还不断与学生探讨心学问题。起码在学问方面，对于阳明自身而言，没有什么感到滞碍难通的地方了。二是事功，无论是从早年汲汲于仕途时期的狂放不羁，还是到平定宸濠之乱时的精干练达，再到晚年远征思恩、田州之乱时的鞠躬尽瘁，尽管外界异议汹涌，但对于阳明而言，他的所作所为是可以置之天地、日月可鉴的。

但处于明代中后期这样一个乱世，有关阳明的逝去，现实却是一个什么景况？虽然其中有对阳明学问和事功赏识和认可的，但也不乏批评和讨伐的声音。真是褒扬的内容都是相似的，中伤和造谣可谓各有各的方法。

关于阳明事功方面的批评，以首辅杨一清及其党羽桂萼等为代表，已如上述，没有太多的新意。他们的险恶用心，世人也是心知肚明的。虽然时过境迁，这种背后捅刀、落井下石、诬陷栽赃的做法仍然是我们所不齿的。即使这帮人是从学术的角度，认为阳明心学背叛程朱理学，妖言惑众，造成意识形态的混乱，由于他们自身道德修养的低下以及动机的险恶，我们认为这帮人是没有资格来评

①王阳明：《王阳明全集》卷35，《年谱》三，第1324页。

价阳明心学的。我们也只能用"仆人眼中无英雄"这句话来对他们的评价一笑而过。人间自有公道在，即使是到了同样也不怎么样的万历皇帝那里，阳明还是得到了平反，并被入祀孔庙，这也是阳明逝后所享受到的最高待遇了。

关于阳明的事功和学问的批评，还有一个群体值得我们重视，也是让我们百思不得其解的，那就是文人集团。对于这一集团，我们不能再采取对待杨一清之流的态度来看待他们，再也没有酣畅淋漓的痛骂，没有简洁明快的定性，有的只是对于人性复杂的深层思考和困惑。

阳明逝后，文人集团对于阳明的批评就开始了。他们比较聪明的是，与杨一清之流不一样，他们很少对阳明生前建立的功业进行批评。同时和杨一清之流一样的，则是把主要矛头对准了阳明的心学。在这个文人集团中，其中有不乏我们今人奉为偶像级的一些人物也对阳明心学采取了批评的态度，不是说阳明的心学不能批评，只是方式确实有点让我们接受不了。

首先来看一下一些可以让我们接受的文人士大夫批评阳明及其后学的言论吧。这种类型最典型的代表就是明末清初三大家中的顾炎武和王夫之。顾炎武认为王学后学应当为明朝灭亡负有一定的责任。

> 今且尊二氏以操戈，背弃孔、孟，非毁程、朱。惟南华西竺之语，是宗是竟。以实为空，以空为实，以名教为桎梏，以纪纲为赘疣，以放言高论为神奇，以荡轶规矩、扫灭是非廉取为广大。取佛书言心言性，略相近者，窜入圣言。取圣经有"空"字"无"字者，强同于禅教。[①]

顾炎武批评阳明后学的直接理由就是他们"背弃孔、孟，非毁程、朱"，背弃孔孟我们未敢附和，但非毁程朱，王学后学确实做

---

①顾炎武：《日知录集释》卷18，《科场禁约》，黄汝成集释本，中州古籍出版社1990年版，第434页。

了，而且是阳明首先做的。

顾炎武批评的主要内容就是对名教、纪纲的违背。现代学者往往认为这正是阳明的伟大之处，在他所生活的年代就有那么超时代的言论。我们只能说这种见解是我们现代人的一厢情愿罢了。阳明的心学理论确实有突破传统伦理的潜力，但其生前对于王学左派的诸位代表，如王畿和王艮的批评，时时是把这种潜力又拉回到现实的。即使是王学后学那里，如后人认为的在突破传统伦理纲常方面最具代表的李贽，他反对的也是此一述朱、彼一述朱的局面，认为士人没有自己的判断，完全在追寻孔孟程朱的过程中迷失了自我，因此才采取一种极端的态度。他何尝明显表达出对孔孟程朱的不敬，只是比较诚实地把孔孟程朱安置到他们本该在的位置上罢了。

顾炎武还认为王学后学有援禅入儒的嫌疑，破坏了儒家的正统性和纯正性。其实，儒学的发展到了宋代以前已经陷入了瓶颈，正是吸收了道家和佛家的思辨理论和本体论意思上的"空"、"无"等范畴，才得以继续发展的。

王夫之的批评更为严厉，批评的矛头不仅针对阳明后学，而且直接指向了阳明：

> 自姚江王氏者出而《大学》复乱，盖其学所从入，以释氏不立文字之宗为虚妄悟入之本……其徒效之，猖狂益甚。……若废实学，崇空疏，蔑规矩，恣狂荡，以无善无恶、尽心意知之用，而趋入于无忌惮之域。[①]

王夫之也是从援佛入儒的角度对阳明及其后学展开批评的，认为导致了"猖狂放肆"、"废实崇虚"的社会风气，从而导致明廷的思想混乱，时人光说不练，荒废了实务。

可以说，在明清交替之际，这样对阳明及其后学的批评是非常

---

① 王夫之：《礼记章句》，见《王船山全书》第四册，卷42，岳麓书社1991年版，第1467—1468页。

多的。如陆陇其、张烈等人也都对阳明心学的危害作出了批评。他
们大部分都是基于"空谈误国"这一思路对阳明展开批评的。

　　总体来看，我们对这些文人对于阳明及其后学的批评还是比较
能够接受的，毕竟他们当时面临着亡国之痛，总得找找亡国的原因
吧。而且他们对于心学的批评也多是从其所生活的时代出发，从学
术的角度来进行探讨的，没有杨一清之流的私心杂念。尽管也有这
样那样的问题，但基本还是比较有学术良知的。况且，很多时候对
于心学的批评，是把阳明及其后学分开来进行批评的，批评的矛头
往往针对王学后学，这就使我们更加释然。

　　文人集团中有一个群体对于阳明的批评让我们不思不得其
解。这个群体就是古代文人、也是我们现代人的文人偶像，即东
林学派。

　　"风声雨声读书声声声入耳，家事国事天下事事事关心。"
这句东林书院的校训已被世人传诵了几百年。东林学派给我们的
印象都是美好的，诸如社会的良心、国家的栋梁等溢美之词是不
绝于耳的。

　　这里我们关注的是他们对阳明及其心学的批评和做派。

　　首先，我们得清醒地认识到，从客观学脉上来讲，东林学派是
正儿八经的王学后学，一般我们可以认为是阳明的徒孙辈。如东林学
派的领袖顾宪成、顾允成两兄弟的授业老师就是属于南中王学的薛应
旂，黄宗羲的《明儒学案》也认为："然东林之学，顾导源于此，
岂可莫哉！"[1]这不是一个特例，东林学派的诸多人物都和阳明的
弟子存在着非常直接的关系。如名列东林的唐鹤征、孙慎行、姜士
昌、吴正志等，都和南中王学的另一个代表人物唐顺之有直接的学
派传承关系。[2]由于东林学派对于王学采取比较激烈的批评态度，

────────────────

①黄宗羲：《明儒学案》卷25，《提学薛方山应旂》，第592页。
②李德锋：《唐顺之与东林学派》，见《唐荆川研究》，南京大学出版社2010
　年版，第174—185页。

往往是作为王学的对立面出现的，因此，后世学者对于东林学派与王学后学的关系往往是有意或无意地忽略的。

从学理上来讲，东林学派在社会环境极端恶劣的背景下，猛烈抨击阉党乱政、科举弊端、矿监税使掠夺等现实弊政，明确提出了"天下之是非，自当听之天下"的鲜明口号，对封建君主专制制度的理性思考，从而摆脱了对传统封建统治制度查缺补漏式的传统套路，这些在强调封建伦理纲常的官方化的程朱理学那里是断难被接受的，他们的勇气从理论上来讲就是来源于阳明心学突破传统的潜力。至于东林学派"学问通不得百姓日用，便不是学问"①的实学主张，和阳明"除却见闻酬酢，亦无良知可致矣"的主张何其相似！

正是这一帮导源于王学的东林学派，他们对阳明及其心学是采取批判态度的。如东林领袖顾宪成的认识就比较典型：

> 阳明为提出一心字可谓对病之药。然心是活物，最难把捉。若不察其偏全纯驳何如，而一切听之，其失滋甚。即如阳明颖悟绝人，本领最高，及其论学，率多杜撰。……是以学术杀天下后世。②

"以学术杀天下"的评论可以说延续了中国文人既有的狠劲。东林学派的另一个领袖高攀龙也说："姚江之弊，始也扫闻见以明心耳，究而任心而废学，于是乎《诗》、《书》、《礼》、《乐》轻，而士鲜实务；始也扫善恶以空念，究其任空而废行，于是乎名、节、忠、义轻，而士鲜实修。"③对于阳明的心学对社会风气的毒害以及导致社会空疏风气进行了无情的揭露和批判，其矛头不仅指向王学后学，而且也直接指向阳明。

为什么导源于王学的东林学派会对王学采取这么激烈的批评态

---

① 《高子遗书》卷5，《会语》，文渊阁四库全书本。
② 顾宪成：《泾皋藏稿》卷2，《与李见罗先生书》，文渊阁四库全书本。
③ 《高子遗书》卷9，《崇文会语序》。

度呢？顾炎武和王夫之面临的亡国之痛，我们不能把这些作为东林学派批评王学的理由。

先来看看东林学派在明朝后期的所作所为吧。确实，正如传统观点所认为的，他们是党争的受害者，但与传统观点不同的是，他们更是党争的积极参与者。明史学者顾诚先生就认为，在明代末期社会危机比较严重的情况下，东林学派完全不顾大局，非常热衷于党争。因为马士英曾迫害过东林党人，而南明福王朱由崧是比较倚重马士英的，因此，东林诸人反对马士英的同时，也不顾国体大局，进而质疑福王统治的合法性，从而造成了社会的混乱和明廷力量的分散，导致最终灭国。

其实明代当时的人都已经认识到东林学派的这一做法不甚妥当，认为他们"绳人过刻"。如明人倪元璐就说："东林，天下之才薮也。其所宗者，大都树高明之帜，而或绳人过刻，持论太深。谓非中行则可，谓非狂狷则不可。"①

东林学派对阳明及其心学的评价也是比较苛刻的。大致看来，东林学派对于阳明及其心学的评价是采取一种"极而言之"的表达方式。所谓"极而言之"，就是极力突出事物发展的程度，其实在大多数情况下，事物的发展并没有达到这种程度。对此，东林学派人物也是承认的，如刘永澄就说："三代而上，黑白自分，是非自明，故曰：'王道荡荡，王道平平'。后世以是为非，指醉为醒，倒置已极。君子欲救其弊，不得不矫枉，盖以不平求平，正深于平者也。"②这句话的意思就是论证矫枉过正的合理性，正是因为事情比较严重，为了突出严重性，可以说得更严重一些，以警醒民众。

这就是东林学派批评阳明及其心学所采取的一种普遍的做法。后人没有洞察其中的原委，往往认为东林学派是对阳明心学大肆批

①倪元璐：《东林列传》卷8，文渊阁四库全书本。
②黄宗羲：《明儒学案》卷60，《绪言》，第1479页。

评的，往往是作为阳明心学典型的反对者形象出现的，而又由于东林学派在后世学者中间往往虚化成刚正不阿、公正无私的形象，从而也就把阳明及其后学推向了"猖狂放肆"、"以学术杀天下"的道德深渊。

## 三
## 不能忘却的纪念

　　时至今日，阳明离开我们将近五百年了，生前的种种人情仍旧汹汹，逝后的各种争论依然哓哓。

　　有关我们对于阳明的评价，褒扬也好，贬低也罢，很多时候就像一场单口相声。我们在这里讨论得不亦乐乎，但我们讨论的对象就在那里，不因我们的讨论而增色一分，也不因我们的讨论而逊色一毫。因此，在这个过程中，我们还是反思自己的立场和出发点，这也是阳明心学一直强调的自家良知自家知。

　　如何纪念伟大的阳明，考证、梳理和发掘阳明的学说本身内涵和价值这是一个途径。起码对于我们的主观认识来讲，我们上面的所有工作基本上都是这方面的内容。这里我们还是不厌其烦、不免俗套地再啰唆上几点。

　　首先，从思想解放意义上来讲。由于阳明及其心学主要是针对程朱理学将理和心分为二的情况而发的，在心学体系下，阳明认为心就是理，把主体之心作为世界的本原和具有无上道德评判的优势，这就把外在的天理内化于主体之心的同时，也使得主体之心具有极强的能动性和自主性，从而使拥有主体之心的每个人从外在天理的服从者变成了天理的拥有者，每个人都有表达自己观点的权利，而且这种权利是天然的、先验的。这种思想对于传统思想产生了非常大的冲击。在阳明心学体系的关照下，即使是孔子这样的圣人，他的认识也不是认识的标准。标准只在我们每个人的心中，从而产生了摆脱传统思想束缚的动力，改变了明朝此一述朱，彼一述朱的局面。正是由于阳明心学这一突破传统的勇气，使得其后的社会，在面临着时代主流思想的压迫时，这种心学往往能成为时人寻求突破和进行思想解放的思想来源。

其次，阳明心学进一步强化了实学倾向。阳明针对程朱理学"知先行后"说所导致的知而不行的社会后果，强调知行合一。这个理论贡献，不仅是把人们认识中的两个普通概念合而为一的问题，更为重要的是，在一般人的认识中，往往"知"是更为重要的，因为"知"引领着"行"，认识水平的高低和深浅决定了行动的取向和效果，而阳明却提出"知"和"行"是同一的，认为"知而不行只是未知"，从而把"行"作为定义"知"的一个重要标准，这就极大地提高了"行"的地位。当然，这里的"行"较多的时候还是运用在道德践履方面，但也在很多时候是导向于现实层面的，阳明也是极力主张"除却见闻酬酢，亦无良知可致矣"，这就形成了阳明心学的实学取向。这一取向不仅保留了古代传统思想中通过各种理论宣教来发挥作用的经世致用思想，而且更表现出对于社会实务的关注。如对于传统社会一直在"重农抑商"思路下被极度排斥的手工业者和从商人员，阳明并没有青眼相加。

本来还想再找一些，但仔细考虑一下这两点已经足矣。我们从政治、经济、文化等方面来发掘阳明的价值时，也都不出乎这两点内容。如政治上的洁身自好，对于当局者的批判，不计个人利益拯万民于水火的行为等等，这没有思想的解放所赋予的勇于担当和倡导实学的精神支撑，那是万万做不来的。如经济上，对于人欲的肯定，对于工、商两业的重视，对于人们平常而又世俗的生活的肯定等等，这些都为我们所说的新经济因素萌芽的社会基础。又如文化上，且不说在思想史上揭开明中后期思想发展的独立一页，就是在我们现在所谓的各个领域，文学、史学等方面，阳明心学都发挥着不可替代的作用，更不用说他的人格魅力所感染和鼓舞的各个时代了。

这是纪念阳明的一个途径，也是认识到阳明价值的后世学者大都使用的一个途径。

纪念阳明及其心学还有一个途径，就是端正和反思我们对于阳明及其心学的认识态度，扪心自问，自我反思，开展自我批评，深刻反思我们的出发点究竟在什么地方。这也是我们表达对阳明不能忘却的最好方式。

对于我们而言，阳明及其心学已经成为过去时，它是发生在离我们有五百年的明代。但它们又是现在时，在产生之后，一直就对其后的社会产生重要的影响，余绪一直发展到近现代社会，如大多数学者就认为熊十力、张君劢、牟宗三等新儒学都是王学于当代新发展的代表人物。也就是说，阳明及其心学是过去和现在的综合体，它包含过去和现在两类因素。对于过去的因素，也就是阳明及其心学产生、发展和结束的客观过程，可以说从阳明逝去的那一刹那，有关其过去的因素部分，就已经盖棺论定。而对于其所包含的现代因素，也是从阳明逝去的一刹那就已经开始，最为直接的就是他的弟子对于王学的继续发展及对其内容的评价。此后，历代学者都从自己生活的时代出发，对阳明及其心学分别作出了时代评价。

立足于现在的我们，也是阳明及其心学发生后五百年的我们，该怎样对待和评价阳明心学？这是一个值得深思的问题。

正如上述，有关阳明及其心学所包含的过去因素，它是一个客观的过程，我们对于这一部分的认识和评价虽然不能完全脱离我们的时代，但我们的认识最好还是越靠近历史事实越好。在以阳明的过去因素作为认识对象时，后人的主观意识参与得越少越好。从某种程度上来讲，我们的主观意识对此是较为无能为力的，我们总不能把阳明的生辰说成阳明的忌日，总不能把"四句教法"的提出时间说成他在龙场悟道时，也总不能把"四句教法"的客观表述就说成"圣人之道，吾性自足"，等等。对于这一方面，阳明的过去因素就是客观发生的历史，我们的认识虽然不能最终和这一客观发生的过程严丝合缝，但我们还得以无限地接近这个客观之真为目的和宗旨。

总之，在这一过程中，历史上客观存在的阳明及其心学是比较主动的，后人的认识都要以复原或无限接近这一客观存在为目的。后人带有感情色彩的主观评价从理论上来讲是被排斥的。我们尽可以有把白猫说成黑猫，把死说成活的能力，但我们也要做好历史会把我们打入桂萼之流的准备，也会给我们冠上信口雌黄、颠倒黑白、败坏学术的种种名号。因此，聪明一点的人都不会把阳明及其心学的过去因素，或者说客观因素作为他们的评价阳明及其心学的突破口。

也正如上述，我们对于阳明的认识，同时也是一个主观的过程，特别是对阳明现代因素的发掘，都是我们从当下的立场出发的。也就是说这一过程也是一场单口相声，只不过主角换成了我们，而不再是阳明及其心学。在这一过程中，阳明及其心学是较为被动的，他不可能站出来肯定我们，也不能站出来反驳我们，我们往往占据着主动。因此，在这一过程中，端正和反思我们的态度是尤为重要的，也是决定性的。

首先我们应该端正和改变我们的一个批判继承定式。

很多时候，我们所谓的批评地予以继承的思路是很有问题的。批判地予以继承，这句话的重心应该是在继承，而不在批判，而我们反而把目光集中在批判上，而忘了继承。当然，从逻辑来讲，要想继承，那就首先要有批判。但也应该承认，这基本上也是一个具有先后顺序的过程，也就是说，批判在前，继承在后。很多时候，人们往往做了批判工作，由于各种原因，没有精力再去从事继承工作。这确实是导致很多历史问题悬而未决的一个客观原因。有时候，我们在面对某些历史问题时，往往会给人一种感觉，我们批判起来头头是道，但扪心自问，仔细反思这件事情不如此那又该怎样做，我们也提不出一个比较可行的办法。这在很大程度上就是因为只完成了批判，而未完成在批判继承上的重建，或者说继承。

相比较于继承，批判也是一个比较让人乐于从事的事情。因为在这一过程中，它更能体现出我们的价值。它基本上是出于这样一种思路：看，伟人都被我踩在脚下了，我多了不起。这是一种阴暗的心理，和牛顿说的他的成功是因为他站在巨人的肩膀上是完全不搭界的。有这种心理在作祟，即使我们站在了巨人的肩膀上，我们自身的高度仍然还不如巨人头颅的高度，我们仍然是低于巨人的。况且从巨人肩膀跌落的一天总会到来。对别人进行无情的抨击，背后透漏的往往是内心的脆弱。想想历史上有多少不懂而装懂，对于各种事情妄加批评的事情吧。可以说这是人们的一个普遍思维，同时这也是时下一个非常普遍的思维。不批评别人，不能彰显自己独特的个性，不能找到自己的价值所在。这种把自己价值的彰显寄望于对别人批评的心理是扭曲的，也是没有价值的。

回顾历史和反思现代，我们对于阳明的批判有多少不是出于精力或学力不够，又有多少不是出于借助批判来彰显我们价值的。这是一个值得我们深思的事情。

说这些话，不是说我们学力不够或精力不够，就没有资格对阳明及其心学进行批判了，也不是说我们不能借助阳明来彰显自己的价值。我们想要表达的是，我们可以进行批判，但我们对于我们的批判要有一种自觉。我们觉得，只要具备了这一自我审查的自觉意识，即使学力、精力的不济，出现对于阳明及其心学认知的一些客观错误，这些都是可以理解的，也是能从某些方面对于我们所犯的错误进行自我救赎的。

我们之所以对于单纯的批判还主要有另一层考虑，就是单纯的批判相对比较容易，当下浮躁的社会氛围与此不无关系，如果还继续坚持单纯批判的既有思路，不仅于事无补，会使这一情况进一步恶化。因为这种单纯的批判会人为地堵死我们接受新知识的路径，这对于我们的成长和对于当下社会风气的改观是没有任何好处的。

我们也应该要认识到，我们对于阳明心学的批判就是我们的批判，也只能是我们的批判。正是阳明所说的，"尔那一点良知，是尔自家底准则。"也就是说，我们的批判它并不是长期有效的，它的价值是有期限的，不是恒常的和亘古不变的。

任何一个理论或学说，从总体上来讲，它本身都包含优点和缺点。

毋庸讳言，阳明在本体论上的"心即理"强调主体之心是规则，是条理，先天具有道德评判的能力，是世界的本源，确实存在着把内以自处和外以应物的希望都寄托于主体之心的倾向，虽然在这一理论下，阳明也从本体论上强调日常酬酢无非都是心之体现，但在运用过程中和评价中，很多时候后人和王学后学是很难注意到这些前提的，因此成为后学"束书不观"事实和后人"猖狂放肆"评价的诱因。

还有，在工夫论上强调"率其本然"和"着实用功"两种并行的途径，强调在人群中有高低优劣之分。虽然阳明也说天资聪颖、天然具备良知良能的人不多见，但既然给人们分了三六九等，这种说法就有一点宿命论的色彩，也把人得罪大发了。因为不管是出于天外有天、人外有人的谨小慎微心理，或是出于自谦的表态，大部分人都是把自己看成芸芸众生中的一员，凭什么天赋异禀就不需要后天的努力？我们就需要不断的努力，而且这种努力可能还永远取得不了天赋异禀之人所达到的成就。出于这种心理不平衡，我们可能也会追问，天赋异禀和芸芸众生的标准是什么，这些标准的模糊是否会给芸芸众生留下滥竽充数为天赋异禀人的机会，他们可能通过标新立异、哗众取宠等歪门邪道取得我们经过正常努力才能取得的名和利。这也是自阳明学说产生以后的几百年来，芸芸众生所最为愤愤不平之处，直到近代还有的人甚至把空谈误国的罪名追加到阳明的头上。这也是阳明理论确实存在着诱导别人攻击它的思想因子。

希望大家注意一点，我们对于阳明的缺点所使用的措辞，基本上都是用"诱因"或"诱导因子"。所谓诱因，它只是一个潜在的原因，还没有变成现实。它变成现实的前提往往是对它本身内涵某一方面的片面发挥。确实，从整体上来看，就阳明的这些所谓的"缺点"而言，起码在阳明的理论体系下及其具体操作中，都没有使这一诱因变成现实，而阳明对于这些诱因也有相应的预防措施，只不过后学和后人有意地忽略掉了这一预防措施，由此诱因变成了现实。在这一过程中，阳明应该负起怎样的责任是显而易见的了。起码来说，阳明是罪魁祸首就有点言过其实了。

再说了，我们所谓的阳明及其心学的优点和缺点，那都是在相对意义上说的，两者之间并没有明确的界限，随着时代的变化，优点会变成缺点，同理，缺点也会变成优点。

对于阳明的评价，无不如此。阳明生前，正如前面所言，一般是把他以及他的心学作为"伪学"或"异端"来对待的，作为打压的对象。因为心学打破了当时占据统治意识形态地位的程朱理学。为什么程朱理学得到官方的认可，那是因为政治化了的，也可以说是经过阉割或改造的程朱理学，片面地强调了以"天理"等范畴为媒介，上升到对封建道德纲常、等级秩序和专制集权的合理性的探讨。因此深得统治者认可，统治者往往认为"儒者可尚，以能维持三纲五常之道"。[①] 阳明把程朱理学作为反对的对象，其结局也就可想而知了，不管是从学术上，还是从政治思想上探讨，都是为明廷统治者所不允许的。

---

① 《元史》卷26，《仁宗本纪》，中华书局1976年版，第4313页。

明朝末年，阳明及其心学也没守得云开雾散。这一时期，各种党争频繁爆发，各帮各派为自己的私利考虑，利用明廷把王学打为伪学的事实，在攻击一派时，最省力气也最为直接的办法，就是把这一派与王学归为一类，这样的结果也就等于宣布了此一派的伪学性质，从而在党争中占据主动。当然，另一派也是如此。双方都把对于对方怨毒脏水不约而同地泼向阳明及其心学。

到了清初，经历过亡国之痛的士人痛定思痛，咬牙切齿地要为皇朝的灭亡以及对自己所造成的心理戕害找到一个替罪羊。每个古代皇朝的灭亡都是一样的，反正就是没有人能够挽皇朝于既倒，也就是说整个社会没有一个具有真本事的人，社会表现出空疏、无能的氛围。早先在把阳明打成伪学时所罗织的罪名"束书不观"，这时便又派上了用场，阳明及其心学也要为明朝的灭亡负责。

这个时期，不管是对于认为自己是明朝遗民的人而言，还是对于一个少数民族入主中原的清朝而言，也不管他们在政治上有多大的矛盾和冲突，但在围剿阳明及其心学时，二者却普遍地达成了某种默契。明代的遗民，已如上段所述。对于清朝而言，在早期，这个女真族建立的狭隘部族政权，除了引以为傲的武力外，其他方面都是简单地向历史上的汉族皇朝学习和模仿。明朝虽然为其武力所打败，但取得天下后的社会统治方式则是清朝需要学习的。在统治意识形态上，明朝对于阳明及其心学的打压政策，此时也就理所当然地为清廷加以继承和发展。

到了近代社会，阳明及其心学终于守得云开雾散时。在这一时期，原先占据统治地位、落后的帝王封建制度与各种新的制度和社会理想的冲突和斗争成为时代的主题之一。一个显在的思维，敌人的敌人就是朋友。对于新思想而言，古代社会中的异端和伪学就成为这一时期可资利用的盟友，阳明心学不仅遭受打压的史实成为控诉旧社会进行思想钳制的有力证据，而且其中的一些对于封建皇朝的质疑的诱因，特别是其左派的一些言论往往成为近代学者们反封建的理论武器。可以说，近代社会是阳明及其心学得到认可并突出发展的黄金时段。

新中国成立后，王学再一次登上历史的舞台，当然并非一帆风顺。从新中国成立至改革开放，这是中国在动荡中发展的时期，中国何去何从是社会优先考虑的问题，一些涉及国家命运的学术问题的讨论是比较迫切的，如农民战争、古史分期、资本主义萌芽问题等所谓史学界的"五朵金花"是热点。总体上来讲，思想领域的东西比较缥缈，是被暂时搁置的，但也不是置之不理。阳明及其心学进入学者的视野，就是通过资本主义萌芽问题这个入口的。因为阳明及其心学没有像古代其他思想流派一样，几乎是毫无例外地表达出对于商业和新经济因素的特别反感，而且在其良知学的统摄下，对工、商两个行业作出了积极的评价。阳明就说：

> 古者四民异业而同道，其尽心焉，一也。士以修治，农以具养，工以利器，商以通货，各就其资之所近，力之所及者而业焉，以求尽其心。其归要在于有益于生人之道，则一而已。士农以其尽心于修治具养者，而利器通货，犹其士与农也；工商以其尽心于利器通货者，而修治具养，犹其工与商也。故曰：四民异业而同道。……自王道熄而学术乖，人失其心，交骛于利以相驱轶，于是始有歆士而卑农，荣宦游而耻工贾。夷考其实，射时固利有甚焉。特异其名耳。极其所趋，驾浮辞诡辩以诳世惑众，比之具养器货之益，罪浮而实反不逮。①

余英时将阳明这一潜在的支持资本主义萌芽的论断评价为肯定了商人的社会价值，乃是新儒学伦理史上的一件大事。②这是现代人对于阳明及其心学利用的一个普遍思路。

在以阶级斗争为纲的年代里，社会往往比较重视人的世界观的分野。不容否认，我们的科学的世界观就是马克思辩证唯物主义和

---

① 王阳明：《王阳明全集》卷25，《节庵方公墓表·乙酉》，第941页。
② 余英时：《士与中国文化》，上海人民出版社1987年版，第527页。

历史唯物主义。现代人认为阳明在心学体系中所赋予的"心"的含义显然是与这背道而驰的，它是主观唯心主义。在时人心目中，世界观存在一个高下优劣的排序。无疑，辩证唯物主义和历史唯物主义是最为科学的，次之为朴素唯物主义，再次之为客观唯心主义，再再次之就是主观唯心主义。因此，阳明及其心学由于主观唯心主义的定性，自然受到了时人的抨击。

改革开放以来，一方面，阳明及其心学的价值再次被人们认知。阳明及其心学主张发展工、商的潜在理论，这一时期继续为大部分人津津乐道。改革开放带来的文化解放意义，也引起了人们对于王学的兴趣。在思想方法上，人们能够"心平气和"地从文化的价值和意蕴来评价社会历史及其思想。可以说这一时期阳明及其心学在一定程度上获得了解放，出现了一些从学术角度探讨阳明及其心学的专门著作，这对于阳明心学研究的推动和价值的发掘，无疑都会产生持续的影响。另一方面，长期以来养成的好斗性格，使得我们在面对阳明及其心学时，还是无法做到真正的心平气和。而且随着时代的推进，我们在面对阳明及其心学时，却发现我们的思维方式，对于心学各种范畴和概念的理解，即使是在单纯的文字方面，竟然都成为我们了解阳明及其心学的阻碍。我们忽然发现，岁月在我们和五百年前的阳明及其心学之间划出了一条很深的鸿沟。

# 参考文献

## 一、历史文献

（宋）张　载：《张载集》，中华书局1978年版。

（宋）程　颢、程　颐：《二程集》，中华书局1981年版。

（宋）朱　熹：《朱子语类》，中华书局1994年版。

（宋）朱　熹：《朱子文集》，上海商务印书馆1937年版。

（宋）陆九渊：《陆九渊集》，中华书局1979年版。

（明）宋濂等：《元史》，中华书局1976年版。

（明）王阳明：《王阳明全集》，吴光等编校本，上海古籍出版社
　　　1992年版。

（明）薛应旂：《宪章录》，明万历二年刻本，四库全书存目丛书。

（明）王　畿：《王畿集》，凤凰出版社2007年版。

（明）罗洪先：《罗洪先集》，凤凰出版社2007年版。

（明）徐　爱、钱德洪、董　沄：《徐爱 钱德洪 董沄》，凤凰出版社
　　　2007年版。

（明）顾宪成：《泾皋藏稿》，文渊阁四库全书本。

（明）倪元璐：《东林列传》，文渊阁四库全书本。

《明实录》，台湾"中研院"历史语言研究所影印本。

（清）顾炎武：《日知录集释》，黄汝成集释本，中州古籍出版社1990
　　　年版。

（清）黄宗羲：《宋元学案》，中华书局1986年版。

（清）黄宗羲：《明儒学案》，中华书局1985年版。

（清）王夫之：《王船山全书》，岳麓书社1991年版。

（清）永　瑢等：《四库全书总目》，中华书局1965年版。

（清）张廷玉等：《明史》，中华书局1974年版。

## 二、今人著作

侯外庐：《中国思想通史》（第四卷），人民出版社1960年版。

张立文：《朱熹思想研究》，中国社会科学出版社1981年版。

冯友兰：《论宋明理学》，浙江人民出版社1983年版。

侯外庐等：《宋明理学史》，人民出版社1984年版。

余英时：《士与中国文化》，上海人民出版社1987年版。

蒙培元：《理学范畴系统》，人民出版社1989年版。

【美】牟复礼、【英】崔瑞德：《剑桥中国明代史》（上卷），中国社会科学出版社1992年版。

张岂之：《中国思想史》，西北大学出版社1993年版。

陈鼓应、辛冠洁、葛荣晋：《明清实学简史》，社会科学文献出版社1994年版。

萧萐父、许苏民：《明清启蒙学术流变》，辽宁教育出版社1995年版。

嵇文甫：《晚明思想史论》，东方出版社1996年版。

钱　穆：《中国近三百年学术史》，商务印书馆1997年版。

【日】沟口雄三著，索介然、龚颖译：《中国前近代思想的演变》，中华书局1997年版。

左东岭：《王学与中晚明士人心态》，人民文学出版社2000年版。

钱　明：《阳明学的形成与发展》，江苏古籍出版社2001年版。

吴　震：《阳明后学研究》，上海人民出版社2003年版。

陈　来：《中国近世思想史研究》，商务印书馆2003年版。

吴　震：《王阳明著述选评》，上海古籍出版社2004年版。

唐君毅：《中国哲学原论·导论篇》，中国社会科学出版社2005年版。

牟宗三：《宋明儒学的问题与发展》，华东师范大学出版社2006年版。

陈　来：《有无之境——王阳明哲学的精神》，北京大学出版社2006年版。

余英时：《宋明理学与政治文化》，广西师范大学出版社2006年版。

蔡仁厚：《王学流衍——江右王门思想研究》，人民出版社2006年版。

吕妙芬：《阳明学士人群体——历史、思想与实践》，新星出版社2006年版。

冯友兰：《哲学的精神》，陕西师范大学出版社2010年版。

姜广辉：《义理与考据——思想史研究中的价值关怀与实证方法》，中华书局2010年版。

吴　震：《〈传习录〉精读》，复旦大学出版社2011年版。

# 后 记

搁笔之余，如释重负的感觉一刻也不曾有过，有的只是大脑的空白一片和心情的惴惴不安。这一刻不免想起了一位学生提出的问题：我们也知道中国古代学术思想博大精深，也有想好好学习的打算，却总是难以入门，也就逐渐丧失了学习的兴趣。

这是一个值得我们深思的问题。个中原因，可能大致有两条：一是古代学术思想的一些基本范畴和我们现代的知识结构中的概念出入很大，我们很难从现代话语体系中找到和古代思想范畴严丝合缝的对应概念。这种语境的转变直接影响了我们对于古代学术思想的把握；另一条是我们学习古代学术思想，肯定需要现代学者的既有成果，包括学术专著和教材，但是现代的学术专著太过于学术化，对于初学者，理解现代学术专著的内容都是一个问题，这也影响了对于古代学术思想的把握。即使是作为教学所用的教材，也还存在着观点陈旧、学术意味太浓等特点，也不能很好地充当我们了解古代学术思想的载体。

当然，这些只不过是造成我们学习古代学术思想困难的外在原因。相比较于外因，也许内因的作用更为关键。历史上的思想家，如朱熹、陆九渊、王阳明等，估计也都面临着和我们今天同样的问题，也面临着语境的改变和理解文本的困难，但他们却能通过自己主观的努力，很好地进行了今与古的对话，作出了对古代学术思想的继承与创新。现代学

242

者们也不乏成功者，如唐君毅、牟宗三、熊十力和冯友兰等人，他们也克服困难做到了这一切。因此，关键所在还是多读书，多思考，切忌浮躁。相信精诚所至，金石为开，总有一天我们会踏入中国古代学术思想这扇大门的。即使没有取得我们理想之中的结果，那就让我们享受这学习的过程吧。正所谓"愚者千虑，必有一得"。

确实，暂且抛开这空白和忐忑，我们对于这部小书的成书过程还是有些话要说的。

唐代文豪韩愈说过："不教不学，闷然不见己缺。"关于"不教"，前面那位学生的提问可算是一个，在具体教学过程中像这样的例子还是比比皆是的。教而后感到自己知识的不足，感到"己缺"，自然会促进我们去思考问题，探讨问题，最终以求解决问题。这部小书是我们两位作者共同完成的。在写作的过程中，通过各种方式相互协调和讨论，其中既有老师对学生的训导和循循善诱，也有朋友之间的争论和鼓励，这也是在撰写此书时的一大收获，在很大程度上弥补了"己缺"所造成的失落感。关于"不学"，联系到这部小书的成书，我们更愿意把它看作是对于我们学习历程的记载。如果还有点价值的话，那就算是我们的学习心得吧。当然，我们也不免痴心妄想，希望我们这样的学习历程和心得，对有志于阳明心学的初学者们多少有所补益。

汪高鑫　李德锋

2012年11月